Carl-Auer

Systemische Horizonte – Theorie der Praxis

Herausgeber: Bernhard Pörksen

»Irritation ist kostbar.«
Niklas Luhmann

Die wilden Jahre des Konstruktivismus und der Systemtheorie sind vorbei. Inzwischen ist das konstruktivistische und systemische Denken auf dem Weg zum etablierten Paradigma und zur *normal science*. Die Provokationen von einst sind die Gewissheiten von heute. Und lange schon hat die Phase der praktischen Nutzbarmachung begonnen, der strategischen Anwendung in der Organisationsberatung und im Management, in der Therapie und in der Politik, in der Pädagogik und der Didaktik. Kurzum: Es droht das epistemologische Biedermeier. Eine Außenseiterphilosophie wird zur Mode – mit allen kognitiven Folgekosten, die eine Popularisierung und praxistaugliche Umarbeitung unvermeidlich mit sich bringt.

In dieser Situation ambivalenter Erfolge kommt der Reihe *Systemische Horizonte – Theorie der Praxis* eine doppelte Aufgabe zu: Sie soll die Theoriearbeit vorantreiben – und die Welt der Praxis durch ein gleichermaßen strenges und wildes Denken herausfordern. Hier wird der Wechsel der Perspektiven und Beobachtungsweisen als ein Denkstil vorgeschlagen, der Kreativität begünstigt.

Es gilt, die eigene Intelligenz an den Schnittstellen und in den Zwischenwelten zu erproben: zwischen Wissenschaft und Anwendung, zwischen Geistes- und Naturwissenschaft, zwischen Philosophie und Neurobiologie. Ausgangspunkt der experimentellen Erkundungen und essayistischen Streifzüge, der kanonischen Texte und leichthändig formulierten Dialoge ist die Einsicht: Theorie braucht man dann, wenn sie überflüssig geworden zu sein scheint – als Anlass zum Neu- und Andersdenken, als Horizonterweiterung und inspirierende Irritation, die dabei hilft, eigene Gewissheiten und letzte Wahrheiten, große und kleine Ideologien so lange zu drehen und zu wenden, bis sie unscharfe Ränder bekommen – und man mehr sieht als zuvor.

Bernhard Pörksen, Professor für Medienwissenschaft an der Universität Tübingen

George Lakoff/
Elisabeth Wehling

Auf leisen Sohlen ins Gehirn

Politische Sprache und ihre heimliche Macht

Vierte, um ein aktuelles Nachwort
ergänzte Auflage, 2016

Themenreihe »Systemische Horizonte«,
hrsg. von Bernhard Pörksen
Umschlaggestaltung: Uwe Göbel
Satz: Drißner-Design u. DTP, Meßstetten
Printed in Germany
Druck und Bindung: CPI books GmbH, Leck

FSC www.fsc.org MIX Papier aus verantwortungsvollen Quellen FSC® C083411

CPI klimaneutral Mehr Bäume.Weniger CO_2

Vierte, um ein aktuelles Nachwort ergänzte Auflage, 2016
ISBN 978-3-8497-0141-3

Bibliografische Information der Deutschen Nationalbibliothek:
Die Deutsche Nationalbibliothek verzeichnet diese Publikation
in der Deutschen Nationalbibliografie; detaillierte bibliografische
Daten sind im Internet über http://dnb.d-nb.de abrufbar.

eBookausgabe: ISBN 978-3-8497-8018-0

Informationen zu unserem gesamten Programm, unseren Autoren
und zum Verlag finden Sie unter: **www.carl-auer.de**.

Wenn Sie Interesse an unseren monatlichen Nachrichten aus der Vangerowstraße haben,
können Sie unter http://www.carl-auer.de/newsletter den Newsletter abonnieren.

Carl-Auer Verlag GmbH
Vangerowstraße 14
69115 Heidelberg
Tel. +49 6221 6438-0
Fax +49 6221 6438-22
info@carl-auer.de

Inhalt

Für Kathleen
und
für Eve

Vorwort

Als Beauftragter für die Freiheit der Medien der *OSZE* habe ich mich sechs Jahre lang für Medienfreiheit und eine unabhängige, pluralistische Berichterstattung in den Mitgliedsstaaten eingesetzt. Augenscheinliche Gefährdungen der freien Berichterstattung gab und gibt es in vieler Form: Wir sehen sie in der Ermordung regimekritischer Journalisten in Russland wie in der Vermengung medialer und politischer Macht in Italien unter dem früheren Ministerpräsidenten Silvio Berlusconi. Es wäre aber leichtfertig, zu glauben, die Gefährdung unabhängiger Berichterstattung zeige sich immer in solch unverkennbarer Form. Eine ganz subtile Gefährdung liegt vor allem in dem gezielt der Presse und der Öffentlichkeit angebotenen politischen Sprachgebrauch.

Politischer Sprachgebrauch und Medienfreiheit hängen eng zusammen. Unabhängige Berichterstattung bedeutet nicht nur die institutionalisierte Freiheit der Medien als »vierte Gewalt« im Staat. Sie bedeutet darüber hinaus die Freiheit des Journalismus von den Sprachschaffungen politischer Akteure. Eine solche sprachliche Unabhängigkeit setzt voraus, dass sich Journalisten der in der Politik benutzten Sprache und ihrer weitreichenden Wirkung bewusst sind. Medienfreiheit ist immer auch Freiheit von – vordergründiger oder hintergründiger – politischer »Sprachdoktrin«.

In diesem Buch stellen George Lakoff und Elisabeth Wehling ein theoretisches Rüstzeug vor, mit dem sich die Wirkungskraft politischer Sprache auf unser Denken und Handeln völlig neu erschließen lässt. Eine Auseinandersetzung mit diesem Thema hat es in der Form und Ausführlichkeit in Deutschland noch nicht gegeben. Vieles von dem, was George Lakoffs Analyse leistet, haben wir aber bereits intuitiv begriffen.

Als ich erstmals im Manuskript zu diesem Buch las, sah ich mich in die Zeit nach dem 11. September 2001 zurückversetzt und erinnerte mich an meine Reaktion auf die Ereignisse in New York und Washington, DC. Als ich unmittelbar nach dem 11. September 2001 als Beauftragter der *OSZE* in die USA flog, sagte ich unseren Mitarbeitern: »Übernehmt nicht die Sprache der US-Regierung, sprecht nicht von ›Terrorismus‹ oder einem ›Krieg gegen den Terror‹. Sprecht stattdessen von einem ›kriminellen Akt‹.«

Ich erinnere mich an ein Zeitungsinterview, das ich zwei Monate später einer französischen Journalistin der *Le Monde* gab. Damals sagte ich:

> »Nach dem 11. September habe ich die Menschen in meinem Wiener Büro gebeten, nicht das Wort ›Terrorist‹ zu gebrauchen. Es ist ein gefährliches Wort: Es kann jeden Beliebigen brandmarken, ganz egal, ob man ihn mit einem kriminellen Akt in Verbindung bringen kann oder nicht. Sie können den Finger auf einen ›Feind‹ richten, ohne ins Detail zu gehen. Jede Ungenauigkeit ermutigt Menschen dazu, alles in dieselbe Schublade zu stecken, und lizenziert Exzesse. Die Medien sind in einem bestimmten Maß mitverantwortlich: Sie hätten bin Laden als einen kriminellen Attentäter bezeichnen sollen, anstatt den ausgelegten Köder mitsamt Leine zu schlucken und die ›Terrorismus‹-Geschichte nachzubeten.«[1]

Viele von uns wussten also durchaus, welche Bedeutung der Sprachgebrauch für das politische Bewusstsein und die sich daraus ergebenden Handlungsmöglichkeiten hat – und das auch nicht erst seit dem 11. September 2001. Bisher fehlte aber eine Theorie, die uns die dahinterstehenden Mechanismen deutlich hätte vor Augen führen können. Dies mag übrigens auch ein Grund dafür gewesen sein, dass die von der Bush-Administration verwendete Sprache nicht konsequent genug hinterfragt und kaum alternative Formulierungen angeboten wurden, weder von der politischen Opposition in den USA noch innerhalb der europäischen Politik oder des professionellen politischen Journalismus. Eine ausreichende öffentliche Diskussion des politischen Sprachgebrauchs fand nicht statt – nicht in den USA, nicht in Europa.

Die *OSZE* und andere internationale Institutionen haben umgehend nach dem 11. September 2001 begonnen, vor einer Beeinträchtigung der freien Berichterstattung zu warnen. Im Jahrbuch 2002 der *OSZE* habe ich wiederholt auf die Gefahrenlage für den professionellen Journalismus hingewiesen.

Manche US-amerikanische Journalisten schafften es, trotz des Schocks vom 11. September 2001 eine pluralistische Sicht auf die Geschehnisse und ihre Auswirkungen aufrechtzuerhalten. Andere – und deren zu viele – griffen bereitwillig das von ihrer Regierung verbal erschaffene Kriegsszenario auf. Ein Szenario, das seiner Natur nach oft keinerlei Raum für Differenzierungen bietet. Sobald es einen

1 F. Amalou: »Freimut Duve évoque ›un syndrome patriotique post-Vietnam‹ aux États-Unis.« *Le Monde*, 7.11.2001.

kollektiven Feind gibt, reduziert sich die Welt auf zwei Lager: »Gut« und »Böse«.

Bis zum heutigen Tage herrscht in der Rhetorik der US-Regierung eine gedankliche Unterteilung der Welt in »Gut« und »Böse« vor, und ihre Kriegspolitik ist zu wesentlichen Teilen – gedanklich und verbal – religiös organisiert. Die Gut-Böse-Haltung entspricht aber nicht einer Demokratie, die von einer Vielfalt an Meinungen lebt.

In der BAWAG-Anthologie[2] *Welt Macht Krieg* habe ich mich aus aktuellem Anlass – die USA zogen gegen den Irak in den Krieg – in dem Aufsatz *Körpersprache im 21. Jahrhundert zwischen Macht und Herrlichkeit* mit diesem Thema befasst:

> »Schon in den Moskauer Salons vor zweihundert Jahren wurde der Krieg gegen Napoleon auf den angeblich religiösen Kern zusammengeschmolzen. Tolstoi lässt gleich auf der ersten Seite seines Großwerkes *Krieg und Frieden* eine Vertraute der Kaiserin gegenüber einem Anhänger Napoleons ausrufen: ›Wenn ihr nicht zugebt, dass der Krieg eine Notwendigkeit ist, wenn ihr fortfahrt, all die Gräueltaten dieses Antichristen – wirklich, ich glaube er ist der Antichrist – zu verteidigen, so kenne ich euch nicht mehr.‹
>
> Präsident Bush hat das vortrefflich auf den Punkt gebracht nach dem 11. September. Da hatten religiös motivierte Kriminelle (wahrscheinlich aus Ägypten und Saudi-Arabien) ein furchtbares Verbrechen begangen: über dreitausend Menschen umgebracht, riesige Gebäude in Schutt und Asche gelegt, eine Stadt geschockt, ein ganzes Land in Schrecken versetzt. Der Präsident zog diese Kriminellen sofort auf die religiöse Augenhöhe uralter Glaubenskriege: Sie waren die Bösen an sich. Aus einem Verbrechen war ein religiöser Krieg geworden, aus den Verbrechern die Vertreter des Bösen.«

In lebendigem Gespräch gewähren uns George Lakoff und Elisabeth Wehling jetzt einen Blick in unser »politisches Gehirn« und zeigen dabei auf, was wir »eigentlich« schon immer gewusst haben: Entscheidend für unser politisches Handeln sind in hohem Maße die Begriffe, in denen wir über Politik denken und sprechen.

Freimut Duve
Hamburg, im Juli 2007

2 *BAWAG: Bank für Arbeit und Wissenschaft AG*, Wien.

1. Auf leisen Sohlen ins Gehirn: Denken in Metaphern

1.1 Die heimlichen »Machthaber«: Was wir denken, über unser Denken zu wissen

Mit den Worten »Metaphern können töten«[3] begannen Sie am 18. März 2003 einen Artikel über den bevorstehenden US-amerikanischen Krieg gegen den Irak. Wie kommen Sie dazu, der Metapher – die doch gemeinhin als eine eher harmlose Form poetischer Sprache begriffen wird – derlei Macht zuzuschreiben?[4]

Es hat damit zu tun, wie unser Gehirn funktioniert. Wir alle begreifen die Welt zu einem großen Teil in Form von Metaphern – und sind uns dessen nicht bewusst. Metaphern können in unseren Köpfen politische »Wahrheiten« schaffen und darüber bestimmen, wie wir – als Individuen oder als Nation – politisch handeln. Und metaphorischer Sprachgebrauch in der politischen Debatte schafft Realitäten in den Köpfen der Hörer, ohne dass sie es bemerken. Die meisten Menschen auf der Welt teilen nämlich ein Problem: Sie haben Annahmen über ihr eigenes Denken und Sprechen, die vollkommen falsch sind.

Metaphern in der politischen Debatte können also bestimmen, was wir denken – weil wir überhaupt nicht wissen, wie wir eigentlich denken?

Genau. Lassen Sie mich Ihnen die vier größten Fehlannahmen über das menschliche Denken nennen.

Erstens: Denken ist ein bewusster Prozess. Falsch! Gut 80 Prozent unseres Denkens sind uns nicht bewusst.

Zweitens: Der menschliche Geist ist eine Instanz unabhängig von unserem Körper. Falsch! Alles Denken ist physisch. Die Form unseres Denkens hängt von den physischen Beschaffenheiten unserer Gehirne ab.

Drittens: Denken ist universell, alle Menschen können gleich denken. Falsch! Menschen begreifen die Welt unterschiedlich, weil unsere Gehirne unterschiedlich geformt sind.

---

3 G. Lakoff: Metaphor and War, Again. AlterNet, 18.3.2003. Verfügbar unter: http://www.alternet.org/story/15414/ [2.9.2007].

4 Der folgende Text geht auf Interviews zurück, die Elisabeth Wehling im Juni 2006 mit George Lakoff in Berkeley führte. Die kursiv gesetzten Abschnitte geben Redebeiträge von Elisabeth Wehling wieder. Der übrige Text stammt von George Lakoff.

Viertens: Wir können alle Dinge in der Welt gedanklich so erfassen, wie sie an sich existieren. Sprache kann demnach »buchstäblich« sein. Falsch! Wir denken und sprechen jeden Tag hundertfach in Metaphern, ohne uns dessen bewusst zu sein. Abstrakte Ideen zum Beispiel – also all diejenigen Dinge, die wir nicht direkt körperlich erfahren – können nur durch Metaphern begriffen und benannt werden.

Also, um zu verstehen, wie Metaphern unser politisches Denken und Handeln strukturieren – und im Übrigen tatsächlich *töten* können –, müssen wir darüber sprechen, wie menschliches Denken überhaupt funktioniert. Wie begreifen wir tagtäglich die Welt? Nun, wir begreifen sie zu einem großen Teil in Metaphern.

Und doch erschöpft sich unser traditionelles Verständnis von Metaphern in der Auffassung, sie seien ein Aspekt der Sprache. Schon Aristoteles bezeichnete die Metapher als eine Kunstform der Rhetorik.

Das ist richtig. Metaphern werden von den meisten Menschen als eine Angelegenheit der Worte verstanden. Und das nicht ohne Grund, denn diese Auffassung kennzeichnet immerhin mehr als 2500 Jahre abendländischer Wissenschaft. Nun, in den letzten Jahrzehnten hat es in der kognitiven Wissenschaft bahnbrechende Erkenntnisse über die Mechanismen menschlichen Denkens gegeben. Wir wissen heute, dass Metaphern nicht nur ein Aspekt der Sprache sind, sondern dass sie einen erheblichen Teil unserer Wahrnehmung strukturieren. Wir denken, sprechen und handeln in Metaphern.

Sprechen? Ja. Denken? Vielleicht. Aber Handeln?

Und was wäre die Grundlage unseres Handelns, wenn nicht unser Denken?

Lassen Sie mich Ihnen die Geburtsstunde der Metapherntheorie schildern. Es waren die 70er Jahre, und ich lehrte damals als junger Professor hier am *Linguistics Department* der *University of California*, Berkeley. Ich hielt ein Seminar, in dem wir uns mit metaphorischer Sprache beschäftigten. Es war Nachmittag, und es regnete in Strömen, wie so oft hier in der San Francisco Bay.

Als Hausaufgabe hatten die Studenten einige Texte über Metaphern gelesen. Eine Viertelstunde, nachdem das Seminar begonnen hatte, betrat eine meiner Studentinnen verspätet den Klassenraum, entschuldigte sich und setzte sich. Sie wirkte betrübt, versuchte aber, ihre Fassung zu wahren. Wir fuhren mit der Stunde fort, und schließlich kam sie an die Reihe, ihre Hausaufgabe vorzutragen. Nach wenigen Worten brach sie in Tränen aus. Wir fragten: »Was ist passiert?« Sie sagte: »Mein Freund hat sich gerade von mir getrennt. Er hat gesagt, unsere Beziehung stecke in einer Sackgasse.«

Ja, und?

Es war Ende der 70er Jahre, wir lebten in Berkeley und arbeiteten an der Universität, aus der heraus die »Bewegung für Meinungsfreiheit« entstanden war. In den Haights von San Francisco lebten die Hippies, und unsere kleine Stadt Berkeley war der Siedetopf der 68er-Revolte, kurzum: Es waren besondere Zeiten.

Im Geiste der Zeit ließen wir kollektiv die Bücher fallen, vertagten die Besprechung der Hausaufgaben und beriefen spontan eine Sitzung ein, um die Krise der jungen Studentin gemeinsam zu bewältigen. Einer der Studenten sagte irgendwann: »Sieh mal, dein Freund sagt, eure Beziehung stecke in einer Sackgasse. Aber wir wissen doch: Das ist nur eine Metapher. Er meint es nicht so.« »Doch«, erwiderte die Studentin, »das ist ja das Problem: Er sagt es nicht nur, sondern er denkt es!«

Dieser Moment, glauben Sie es oder nicht, revolutionierte das Verständnis von Metaphern und ihrer Rolle für unser Denken, Sprechen und Handeln.

Wollen Sie behaupten, der junge Mann trennte sich, weil er in einer Metapher dachte?

Das ist der Punkt bei dieser Geschichte. Er benutzte nicht nur eine Metapher, um seiner Freundin besonders anschaulich darzustellen, dass die Beziehung nun am Ende angelangt sei. Sondern er dachte in dieser Metapher: Er dachte in einer Metapher, die eine Liebesbeziehung als eine gemeinsame Reise begreift. Und in Einklang mit dieser Metapher begriff er die Beziehung als in einer Sackgasse steckend. Sie kam nicht länger *voran* – also handelte er dementsprechend. Er *stieg* aus der Beziehung *aus*. Er trennte sich.

Was ist aus Ihrer Studentin geworden?

Wir haben noch immer Kontakt zueinander. Sie ist mittlerweile glücklich verheiratet – mit einem anderen Mann.

1.2 Metaphorisches Denken ist physisch: So gelangen Metaphern in unser Gehirn

Wie kommt es dazu, dass wir in Metaphern denken?

Es hat damit zu tun, wie unsere Gehirne funktionieren. Wir lernen automatisch eine Fülle von Metaphern, während wir aufwachsen.

Auf der ganzen Welt und in jeder Kultur findet sich zum Beispiel die Metapher *mehr* ist *oben* und *weniger* ist *unten*. Wir sprechen davon, dass Preise *steigen* oder *fallen*. Aktien können *in den Himmel schießen* oder *in den Keller stürzen*. Wir haben nicht die Metapher *mehr* ist *unten* und *weniger* ist *oben*. Wir würden also nie sagen: »Der Preis ist *gefallen*«, und damit meinen, dass etwas teurer geworden ist. Wir haben auch nicht etwa die Metapher *mehr* ist *links* und *weniger* ist *rechts*. Wir sagen nicht: »Endlich gehen die Preise wieder nach *rechts*«, um zu sagen, dass etwas billiger geworden ist.

Dann steigen Preise nicht in Wirklichkeit, sondern nur in unseren Köpfen?

Korrekt. Preise *steigen* nur in unseren Köpfen. Was ein Preis tatsächlich macht, ist, dass er mehr wird. Preise sind ein Phänomen der Quantität. Wir begreifen sie als *steigend* oder *fallend*, weil wir in der Metapher *mehr* ist *oben* denken.

Die interessante Frage ist: Weshalb denken wir überhaupt in dieser Metapher? Nun, der Grund liegt in unseren alltäglichen Erfahrungen in der Welt. Wenn man zum Beispiel Wasser in ein Glass gießt, dann *steigt* der Wasserspiegel. Je *mehr* Wasser sie in den Behälter fließen lassen, desto *höher* steigt es. Wenn man Bücher auf einem Tisch stapelt, dann *steigt* der Stapel, je *mehr* Bücher man hinzufügt. Wir alle teilen diese Erfahrung einer Wechselbeziehung zwischen Vertikalität, also Höhe, und Quantität, also Menge.

Beide Konzepte werden an verschiedenen Orten in unserem Gehirn registriert. Vertikalität wird in einem Bereich registriert, der mit unserer Orientierung in der Welt zu tun hat. Quantität wird in dem Teil unseres Gehirnes erfasst, der mit dem Begreifen von Zahlen und Mengen zu tun hat. Die zwei Bereiche liegen in unseren Gehirnen noch nicht einmal nebeneinander. Dennoch gibt es neuronale Verbindungen zwischen ihnen, also Verbindungen in Form von Nervenzellen.

Ist alles Denken metaphorisch?

Nein. Nehmen wir das Beispiel vom Wasserspiegel, der umso höher steigt, je mehr Flüssigkeit man in ein Glas gibt. Nun, der Wasserspiegel steigt tatsächlich. Wir können sagen: »Der Wasserspiegel ist *gestiegen*.« Das ist kein metaphorisches Denken. Wenn wir aber sagen: »Die Preise sind *gestiegen*«, oder: »Trotz meiner Diät ist mein Gewicht nicht *runter*gegangen«, dann denken und sprechen wir in Metaphern. Unser Gehirn hat sie auf Grund unserer Erfahrungen physisch gelernt.

Also führen unsere Erfahrungen in der Welt zu physischen Veränderungen in unseren Gehirnen?

Genau. Zunächst einmal, alles Denken ist physisch. Wir begreifen die Welt mit unseren Gehirnen, die Teil unserer Körper sind. Alle Denkprozesse sind immer physische Prozesse. Und Metaphern sind physisch im Gehirn vorhanden. Die interessante Frage ist: Was bestimmt die Beschaffenheit unserer Gehirne? Die Antwort auf diese Frage lautet: unsere Erfahrungen in der Welt.

Sehen Sie, wenn wir geboren werden, dann haben wir eine ganze Fülle von zufälligen neuronalen Verbindungen in unseren Gehirnen. Und während wir aufwachsen, zwischen unserer Geburt und dem Alter von etwa fünf Jahren, verlieren wir die Hälfte dieser Verbindungen.

In den ersten fünf Jahren unseres Lebens soll sich unsere Fähigkeit zu denken halbieren?

Das ist nicht der Punkt bei der Sache. Unser Denkvermögen halbiert sich nicht, sondern es formt sich. Die Frage lautet nicht: Wie *viel* können wir denken?, sondern: W*ie* werden wir denken?

Wenn wir geboren werden, haben wir also eine riesige Menge zufälliger neuronaler Verbindungen. Unser Gehirn »wimmelt« förmlich von ihnen. Und indem wir aufwachsen, geht uns die Hälfte von ihnen verloren. Das Problem ist: Wer oder was entscheidet darüber, welche Verbindungen bleiben und welche nicht? Die Lösung lautet: unsere Erfahrung. Diejenigen Verbindungen, die im Gehirn aktiviert werden, weil sie zu unseren Erfahrungen passen, werden gestärkt. Die übrigen Verbindungen werden geschwächt.

Vor meinem geistigen Auge entsteht folgendes Bild: Unsere Erfahrungen langen gleich einer unsichtbaren Hand in unser Gehirn und formen es, ohne dass wir etwas davon mitbekämen.

Nun, das ist ein ganz hübsches Bild, das Sie da vorschlagen. Aber in der Realität formen Erfahrungen unser Denkvermögen folgendermaßen: Je häufiger eine Synapse genutzt wird, umso mehr chemische Rezeptoren für Neurotransmitter, den Botenstoff, wandern zu dieser Synapse. Das bezeichnen wir als »Stärkung« der Synapse. Und je »stärker« eine Synapse auf diese Weise geworden ist, desto leichter werden die Neuronen aktiviert.

Wenn nun zwei Bereiche des Gehirns gleichzeitig aktiv sind, wie in unserem Beispiel von Vertikalität und Quantität, so tendieren wir dazu, zwischen beiden eine neuronale Verbindung zu bekommen. Ein Slogan in der Neurowissenschaft heißt: »Fire together, wire together!«, also: Die Neuronen »feuern zusammen« und »verdrahten sich« dadurch.

Und je häufiger eine Verknüpfung aktiviert wird, desto stärker wird die neuronale Verbindung zweier Ideen, je seltener, desto schwächer.

1.3 Metaphorisches Denken ist unvermeidbar: Diskussion ist nicht gleich Diskussion

Zugespitzt dürfte das bedeuten: Wir entscheiden nicht frei über unser Denken, sondern es ist zu einem großen Teil physisch vorbestimmt, auf welche Art zu denken wir überhaupt fähig sind.

Exakt. Kommen wir zurück auf unser Beispiel von der Metapher *mehr* ist *oben*. Wir denken in dieser Metapher, weil wir jeden Tag eine Vielzahl von Beispielen erleben, in denen Quantität und Vertikalität zusammen auftreten. Wir lernen eine neuronale Verbindung. Wir werden in dieser Form denken, ob wir es wollen oder nicht.

Wir alle lernen automatisch ein höchst komplexes Metaphernsystem. Manche Metaphern sind einfach. Andere Metaphern sind komplex und setzen sich aus mehreren Metaphern zusammen. Ein Beispiel für das Denken in Form einer einfachen Metapher ist *Diskussion* ist *physische Auseinandersetzung*[5]: Man kann als *Überlegener* oder *Unterlegener* aus einer Diskussion hervorgehen. Man kann *schlagende* Argumente haben. Wir *ringen* um den Ausgang eines Gesprächs.

Ein Streitgespräch und ein physischer Kampf weisen aber doch tatsächlich Parallelen auf: Einer gewinnt, der andere verliert. Entleihen wir nicht einfach Redewendungen, um möglichst anschaulich über eine Diskussion zu sprechen?

Eben nicht. Wir sprechen über Diskussionen als Kampf, weil wir über sie als Kampf denken. Wie kommen wir zu dieser Metapher? Nun, als Kind argumentieren wir mit unseren Eltern, während oft gleichzeitig ein körperliches Ringen um den Ausgang der Situation stattfindet. Die Eltern wollen, dass das Kind eine bestimmte Sache tut oder an einem bestimmten Ort bleibt. Sie halten es fest und sagen: »Nein, halt, hier geblieben!« Das Kind ringt mit seinen Eltern und argumentiert dabei: »Ich will aber spielen gehen!«

Die erfahrene Wechselbeziehung zwischen körperlicher und verbaler Auseinandersetzung führt dazu, dass unser Gehirn die Metapher *Diskussion* ist *physische Auseinandersetzung* lernt. Eine einfache Metapher, die auf Wechselbeziehungen in unserer direkten Erfahrung basiert.

In dem Buch Leben in Metaphern[6] *sprechen Sie von einer anderen Metapher für Diskussion, nämlich* Diskussion *ist* Krieg. *Diese Metapher wurde vielfach zitiert und weltweit schnell zum Paradebeispiel der Metapherntheorie.*

---

5 Anm. der Autorin: Dem allgemeinen Sprachgebrauch entsprechend wird der englische Begriff »Argument« mit »Diskussion« übersetzt, womit das argumentative Gespräch gemeint ist. Andere sinngleiche Übersetzung: »Argument« als »Argumentieren« in G. Lakoff u. M. Johnson (2007): Leben in Metaphern. Konstruktion und Gebrauch von Sprachbildern. Heidelberg (Carl-Auer), 5. Aufl. [Am. Orig. (1980): Metaphors We Live By. Chicago/London (University of Chicago Press).]

6 Siehe Anm. 5

Sehen Sie, als Mark Johnson und ich 1980 die Metapherntheorie erstmals skizzierten, da haben wir nicht auf Anhieb alle Metaphern richtig getroffen.

Tatsächlich gibt es die Metapher *Diskussion* ist *Krieg*. Wir sprechen zum Beispiel vom *Positionieren* in Debatten. Man kann sich *Wortgefechte* liefern. Man kann, metaphorisch, mit Worten *schießen*. Doch wir wissen heute, dass diese Metapher ein spezieller Fall der einfachen Metapher *Diskussion* ist *physische Auseinandersetzung* ist.

Mit Worten zu schießen scheint mir eine weit hergeholte Idee zu sein.

Sie irren sich. Wir alle begreifen Worte metaphorisch als Waffen. Wir sprechen davon, mit Bemerkungen auf etwas abzu*zielen*. Wir können Menschen mit unseren Worten *treffen* oder *verletzen*. Und Sie werden kaum zählen können, wie oft Sie in Ihrem Leben jemanden zum Reden aufgefordert haben, indem Sie sagten: »*Schießen* Sie los!«

Nun, die komplexe Metapher *Diskussion* ist *Krieg* setzt sich aus mehreren Teilen zusammen. Wie begreifen wir Kriege? In Form von Metaphern! In unseren Köpfen ist ein Krieg – metaphorisch – der Kampf zwischen zwei Nationen. Können Nationen tatsächlich physisch miteinander ringen? Nein. Aber wir alle kennen die Metapher *Nationen* sind *Personen*: Nationen führen *Gespräche* miteinander, können *freundschaftlich* verbunden oder *Todfeinde* sein. Wir sprechen von *Nachbar*staaten und *Schurken*staaten. Das sind nur einige Beispiele für die wichtige Metapher *Nationen* sind *Personen*.

Nun, die physische Kraft von Personen wird gedanklich auf die Militärkraft einer Nation übertragen, wir haben die Metapher *Militärkraft* ist *physische Kraft*: Einige Länder haben mehr militärische *Stärke* als andere, ein Land kann durch einen Krieg *geschwächt* sein.

Ein Krieg ist in unseren Köpfen also ein physisches Ringen zwischen zwei Nationen als Personen. Verbunden mit unserer einfachen Metapher *Diskussion* ist *physische Auseinandersetzung* bekommen wir die komplexe Metapher *Diskussion* ist *Krieg*.

Wie wäre es mit: Diskussion ist Diskussion?

Versuchen Sie es ruhig einmal damit. Aber versprechen Sie sich keinen allzu großen Erfolg. Der Gebrauch von Metaphern ist unvermeidbar. Wir können uns nicht den physischen Beschaffenheiten unseres Gehirns widersetzen und sagen: »Ich werde nicht in dieser Metapher denken!« Es passiert automatisch.

In unseren Gehirnen *ringen* wir nun einmal miteinander, wenn wir argumentieren. Das ist der Punkt. Diskussion kann nicht einfach Diskussion sein, genauso wenig wie Quantität einfach Quantität sein kann. Weil wir bestimmte Erfahrungen gemacht haben.

Dennoch geht der Mensch davon aus, dass es möglich ist, Dinge gedanklich so zu benennen, wie sie »an sich« existieren. Ich zitiere John Locke: »Metaphern sind mit Sicherheit in allen Diskursen, die angeben, zu informieren oder zu lehren, komplett zu vermeiden; und wo es um Wahrheit und Wissen geht, können sie nur als großer Fehler verstanden werden, entweder der Sprache oder der Person, die sie benutzt.«

Nun, John Locke ging davon aus, dass es eine Wirklichkeit »an sich« gibt, dass die Welt objektiv erfassbar ist und wir alle buchstäblich denken und sprechen können. Diese Annahme von objektiven Wahrheiten in der Welt ist schlichtweg falsch. Wir begreifen die Welt zu großem Teil durch Metaphern und andere mentale Konzepte. Was tun wir Menschen also, indem wir denken und miteinander kommunizieren? Wir benennen viele Dinge so, wie sie für uns in unseren Gehirnen vorhanden sind: in metaphorischer Form. Unsere gedankliche Realität – das, was für uns »Wahrheit« ist – ist zu einem erheblichen Teil metaphorisch.

Unser Denken über abstrakte Ideen etwa ist ohne Metaphern praktisch nicht möglich. Nehmen wir als Beispiel die Idee von Menschenfreundlichkeit oder Wohlwollen, anders ausgedrückt: Zuneigung. Und schon dies ist ja eine Metapher, wenn man es genau nimmt. Eine Person, die Menschen grundsätzlich besonders zugeneigt ist, bezeichnen wir als *warmherzig*. Jemand kann ein *kaltes* Herz haben. Sie können sich für jemanden *erwärmen*. Menschen können Zeit brauchen, um miteinander *warm*zuwerden. Diplomatische Beziehungen zwischen zwei Ländern, metaphorisch Personen, können *erkalten*.

Wir haben also eine Metapher für eine ziemlich abstrakte Idee, die Idee der Zuneigung. Diese Metapher lautet *Zuneigung* ist *Wärme*. Weshalb? Nun, wenn wir als Kind von unseren Eltern im Arm gehalten werden, dann spüren wir Wärme. Und wir spüren Zuneigung. Wir erleben also – immer und immer wieder – physische Wärme und emotionale Zuneigung gleichzeitig. Die emotionalen Regionen in unserem Gehirn sind aktiv, und die Regionen zur Erfassung von Temperatur sind aktiv. Sie liegen an verschiedenen Orten im Gehirn.

Wir »lernen« Verbindungen zwischen beiden. Es ist keine rationale Entscheidung. Wir merken noch nicht einmal, dass es passiert. Es passiert einfach.

Und ebenso verhält es sich mit der Metapher *Diskussion* ist *physische Auseinandersetzung*. Wir entscheiden uns nicht dafür, auf diese Weise über das Diskutieren zu denken. Wir tun es automatisch. Es ist Teil unseres unbewussten Denkens.

1.4 Metaphorisches Denken ist unbewusst: Denn sie wissen nicht, was sie denken

Sie sagen: »Metaphern sind Teil unseres unbewussten Denkens«, und der Leser wird ausrufen: »Meines unbewussten Denkens? Aber ich weiß doch, was ich denke!«

Und ich antworte Ihrem gedanklich herbeigeholten Leser: »Nein, ich muss Sie enttäuschen. Das wissen Sie nicht. Gut 80 Prozent Ihres Denkens sind Ihnen – wie jedem Menschen auf dieser Welt – vollkommen unbewusst.«

Wie kann metaphorisches Denken für unser alltägliches Weltverständnis grundlegend sein, wenn es uns nicht bewusst ist?

Unbewusstes Denken im Sinne der kognitiven Wissenschaft bezeichnet denjenigen Teil unseres Denkens, den wir einfach nicht bewusst wahrnehmen, nicht reflektieren und daher nicht kontrollieren. Sehen Sie, wenn wir denken, dann benutzen wir dazu ein höchst komplexes System von mentalen Konzepten – und zwar ohne zu kontrollieren, wie sie unser Begreifen von Dingen steuern.

Damit wir vernünftig denken können, müsste doch in unseren Gehirnen ein gewisses Maß an Ordnung und Übersichtlichkeit herrschen. Wie kann man einen Gedanken fassen, ohne sich seiner bewusst zu sein?

Die Frage müsste lauten: Wie könnte man es jemals schaffen, sich die mentalen Konzepte hinter jedem seiner Gedanken klarzumachen?

Sie haben mich eben gefragt, wie man einen Gedanken *fassen* kann, ohne sich die relevanten mentalen Konzepte zu verdeutlichen.

Haben Sie sich dabei bewusstgemacht, dass Sie die Metapher *Gedanken* sind *Objekte* benutzen? Und dass Sie, indem Sie »einen Gedanken *fassen*«, zum Akteur werden, der diese Objekte metaphorisch *handhabt*? Dass wir auf Grund dieser Metapher darüber sprechen, Gedanken *griffig* zu formulieren, zu *fassen, auszutauschen* oder zu *begraben*? Haben Sie sich bewusstgemacht, dass man Gedanken auch anders begreifen kann, etwa durch die Metapher *Gedanken* sind *Nahrungsmittel*, indem wir Gedanken *verdauen, ausspucken* und daran *knabbern*? Indem wir uns gegenseitig *Feed*back geben, was wörtlich ins Deutsche übersetzt »Zurück*füttern*« heißt?

Haben Sie überlegt, vielleicht die Metapher *Gedanken* sind *Orte* zu benutzen, die dazu führt, dass wir *von* einem Gedanken *zum* anderen *springen*, uns von Gedanken *distanzieren* oder endlich *zu* einem guten Gedanken *kommen*? Und dass wir, manchmal nur *Schritt für Schritt*, schwierige Gedanken*gänge* nachvollziehen können?

Haben Sie all diese Dinge bewusst durchdacht? Ich glaube, nicht. Wir hätten lange warten müssen, bis Sie Ihre Frage formuliert hätten.

Aber angenommen, ich hätte mir diese Zeit genommen: Es wäre theoretisch möglich gewesen, mir diejenigen Denkprozesse, die normalerweise außerhalb unseres direkten Einflusses liegen, bewusstzumachen?

In der Theorie, ja. Und das ist es, was wir in der kognitiven Wissenschaft tun. Wir erforschen den unbewussten Part des menschlichen Denkens. Wir analysieren das komplexe System mentaler Konzepte, das unserem alltäglichen Denken und Sprechen zu Grunde liegt: das Verständnis von der Welt, den sogenannten Common Sense der Menschen.

1.5 Eine Metapher kommt selten allein: Warum wir Dinge unterschiedlich wahrnehmen

Sie sprechen von verschiedenen Metaphern für »Gedanken«. Folglich können wir verschiedene Metaphern für ein und dieselbe Idee haben.

Ja, weil wir ganz unterschiedliche Erfahrungen machen, die miteinander korrelieren und sich in unserem Gehirn verbinden. Nehmen wir die Idee von zweckbestimmtem Handeln, metaphorisch gesagt solchem Handeln, das dem *Erreichen von gesetzten Zielen* oder dem *Bekommen von gewünschten Dingen* dient.

Durch die erste Metapher verstehen wir unsere Handlungszwecke als Zielorte, die zweckgerichteten Handlungen als Schritte auf dem Weg zu unseren Zielen.

Weshalb? Nun, wir alle teilen die Erfahrung, einen bestimmten Ort erreichen zu wollen. Wir wollen als Kind in die Küche. Um dort anzukommen, müssen wir uns physisch darauf zubewegen. Bei der Ankunft ist der Zweck der Handlung schließlich erfüllt, wir sind in der Küche. Diese Erfahrung des Erreichens von Zielen übertragen wir auf Handlungszwecke. Wir sagen: »Ich habe mein *Ziel erreicht*«, und meinen damit: »Der Zweck meiner Handlung hat sich erfüllt.«

Daraus ergibt sich eine Reihe gedanklicher Schlussfolgerungen: Ich bin beruflich noch nicht an meinem *Ziel angekommen*. Ich *gelangte auf Umwegen an mein Ziel*. Sie nehmen *Hürden*. Ihnen können *Hindernisse im Weg* stehen. Sie können Ihre ursprünglichen *Ziele* ändern, sich *umorientieren*. Sie können im Leben Fort*schritte* machen.

Wie kommen wir zu der zweiten Metapher, durch die wir den Zweck unserer Handlung nicht als Ziel, sondern als Gegenstand begreifen?

Wir alle machen die Erfahrung, ein Objekt haben zu wollen. Wir wollen als Kind einen Ball. Wir tun etwas Bestimmtes. Wir bekommen den Ball. Der Zweck unserer Handlung ist erfüllt. Unser Gehirn lernt die Metapher *Handlungszwecke erfüllen* ist *Objekte bekommen*. Wir können letzten Endes *bekommen*, was wir wollen. Wir können einen Sieg oder eine Niederlage *einstecken*, etwas kann *weit gegriffen* sein.

Sie sehen also: eine Idee, zwei unterschiedliche Metaphern. Und gerade diejenigen Ideen, die kulturell besonders relevant sind, haben oft eine Vielzahl von Metaphern. Die Liebe ist zum Beispiel eine abstrakte Idee, die in unserem Leben eine große Rolle spielt. Sie ist ein enorm wichtiges Konzept für uns.

Wie viele Metaphern hat die Liebe?

Über ein Dutzend. Es gibt *Liebe* als *gemeinsame Reise* durch das Leben mit gemeinsamen Lebenszielen. Es gibt *Liebe* als *Partnerschaft*, in der man Lasten und Gewinne miteinander teilt. Es gibt *Liebe* als *Einswerden*. Es gibt *Liebe* als *dritte Instanz*, die sich in Form einer Verbindung zwischen zwei Personen fügt. Es gibt *Liebe* als *Hitze*. All diese Metaphern haben zu tun mit unterschiedlichen Erfahrungen. Manche werden von allen Menschen geteilt, andere nicht.

1.6 Das kulturelle Gehirn: Weshalb Menschen nicht gleich denken können

Das scheint ein Widerspruch zu sein: Wenn wir Metaphern durch physische Erfahrungen in der Welt lernen, dann müssten wir doch alle die gleichen Metaphern haben, denn unsere Körper funktionieren gleich.

Nun, das stimmt nicht ganz. Es trifft nur für diejenigen Metaphern zu, die alle Menschen gleichermaßen durch die Funktionen ihres Körpers automatisch erlernen, wie beispielsweise *Zuneigung* ist *Wärme*. Insofern gebe ich Ihnen recht. Unsere Körper funktionieren gleich, und deshalb machen wir eine Reihe gleicher Erfahrungen. *Liebe* ist *Hitze* ist zum Beispiel eine solche Metapher für die Liebe. Die gefühlte Zuneigung und das Ansteigen der Körpertemperatur korrelieren; die beiden Bereiche im Gehirn sind parallel aktiv, die neuronale Verbindung wird gestärkt.

Aber das trifft nicht auf alle Metaphern zu. Menschen wachsen in unterschiedlichen Kulturen auf, machen unterschiedliche kulturelle Erfahrungen und lernen dadurch auch unterschiedliche Metaphern. Soziale Erfahrung ist extrem wichtig, weil sie zu einem großen Teil unser konzeptuelles System, unser Begreifen der Welt durch Metaphern, bedingt.

Dann haben unterschiedliche Kulturen auch unterschiedliche Metaphern für die Liebe?

Unbedingt. Nehmen wir die Metapher *Liebe* ist *eine gemeinsame Reise*. Sie ist eine komplexe Metapher und setzt sich aus einer Reihe von Elementen zusammen: Die Beziehung wird metaphorisch als *Vehikel*, als *Gefährt*, begriffen. Wir sagen Dinge wie: Ihre Ehe ist *auf Grund gelaufen*. Das wäre ein Boot. Die Ehe ist *aus dem Gleis geraten*. Ein Zug. Die Ehe *steckt in einer Sackgasse*. Ein Auto. Weshalb diese Metapher? Nun, ein Gefährt ist etwas, mit dem man sich vorwärtsbewegt. Man kann also gemeinsame Lebensziele haben und sich in dem Vehikel »Beziehung« darauf zubewegen.

Wie Sie sehen, ist an dieser Stelle noch eine andere Metapher von Bedeutung: *Zwecke im Leben* sind *geografische Zielorte*. *Schwierigkeiten* sind metaphorisch *Hindernisse* auf dem Weg zum Erreichen von Zielen. Man kann also mit einer Beziehung *nicht vorankommen*. Man kann sich in einer Beziehung *in die falsche Richtung bewegen*. Man kann *Hürden* nehmen.

Wir haben also eine Idee von gemeinsamen Lebenszielen und der Beziehung als Gefährt zum Erreichen dieser Ziele. Hat man unterschiedliche Ziele, so *verlässt* man die Beziehung, und die *Wege* trennen sich.

Lassen Sie mich diese Idee einmal zugespitzt formulieren: Wenn ich eine Beziehung mit jemandem beginne, dann öffne ich, gedanklich und ohne es zu merken, eine Tür und steige in ein Auto, einen Zug oder ein Schiff ein?

Sicherlich. Oder auch in ein Raumschiff, ein U-Boot, einen Heißluftballon oder eine venezianische Gondel. Die Metapher von der *Beziehung* als *Gefährt* ist allgegenwärtig. Sie ist nicht die einzige Metapher für eine Beziehung, aber sie ist in unserer Kultur sehr gebräuchlich.

Aber weshalb ein Gefährt?

Nun, erstens ist ein Gefährt ein Behälter. Und *Beziehungen* sind – metaphorisch – *Behälter*. Wir leben *in* einer Beziehung. Wir gehen *aus* einer Beziehung *heraus*. Manche Menschen sind gerade erst *aus* einer Beziehung *heraus* und befinden sich schon *in* der nächsten.

Zweitens ist ein Gefährt ein Behälter, in dem man eng nebeneinandersitzt, sich physisch nahe ist. Nun, *Vertrautheit* ist *Nähe* ist eine sehr wichtige Metapher: Ich fühle mich ihm *nahe*. Wir haben uns seit unserem Streit voneinander *entfernt*. Unsere Familie ist *auseinandergedriftet*. Wie kommen wir zu dieser Metapher? Als Kind sind uns diejenigen Menschen, die uns vertraut sind, körperlich nahe. Unsere Eltern halten uns in den Armen. Unsere Geschwister liegen mit uns auf der Spieldecke. Man wohnt in einem Haus zusammen. In unserem Gehirn verbinden sich also die Ideen von Vertrautheit und von körperlicher Nähe.

Sie sehen also, wie eine Anzahl unterschiedlicher Metaphern zusammenkommt und uns die Details der komplexen Metapher *Liebe ist eine Reise zu gemeinsamen Zielen* liefert: Eine Beziehung ist ein Gefährt, in dem zwei Menschen körperlich nahe beieinandersitzen und sich auf ein gemeinsames Ziel zubewegen. Und Probleme sind *Hindernisse* auf dem Weg zu diesem Ziel.

Sie sagen, die Metapher wird nicht über alle Kulturen hinweg geteilt. Das würde bedeuten, dass es Menschen gibt, die nicht in dieser Metapher denken können.

Richtig, denn um metaphorisch eine gemeinsame Reise anzutreten, muss man gemeinsame Ziele im Leben haben. Einige Kulturen kennen die Idee von Lebenszielen nicht. Sie begreifen den Sinn des Lebens nicht als das Verfolgen und Erreichen von Zielen. Also lernt ihr Gehirn die Metapher nicht. Es gibt noch andere kulturelle Gründe. Es gibt Gesellschaften, in denen man die Idee von Lebenszielen zwar kennt, in denen aber die Ehefrau dem Ehemann untergeordnet ist. Und zwar so sehr untergeordnet, dass der Ehemann die Ziele im gemeinsamen Leben alleine festlegt und die Frau ihm folgt. In einer solchen Kultur gibt es keine Metapher von der *Liebe* als *gemeinsamer Reise zu gemeinsamen Zielen*.

Wann lernt ein Gehirn also die Metapher *Liebe* ist *eine gemeinsame Reise*? Nur dann, wenn der Mensch in einer Kultur der Gleichberechtigung lebt, in der zudem die Idee von Lebenszielen existiert.

Soziale Erfahrung determiniert also einen großen und wichtigen Teil unseres Metaphernsystems. Und erinnern Sie sich: Metaphern sind physisch. Kulturelle Unterschiede in Metaphern bedeuten physische Unterschiede in den Gehirnen.

1.7 Geheime Selektoren: Wie Metaphern darüber bestimmen, was wir *nicht* denken

Welche Auswirkung hat metaphorisches Denken auf unser Verständnis von Dingen in der Welt?

Waren Sie schon einmal in Athen?

Ja.

Haben Sie sich die Busse dort angesehen?

Eher nicht.

Dann sage ich Ihnen, was in Athen an allen Bussen und Zügen steht: *metaphoroi*. Das Wort »Metapher« hat seinen Ursprung im Griechischen, das griechische Verb *metaphérein* bedeutet »anderswohin tragen«. Metaphorisches Denken bedeutet, dass wir Merkmale einer direkt erfahrbaren Idee auf eine andere, oftmals abstrakte Idee übertragen. In der kognitiven Linguistik sagen wir dazu »Quelldomäne« und »Zieldomäne«. Elemente der Quelldomäne werden gedanklich auf die Zieldomäne übertragen. Dieser Denkprozess wird als »Conceptual Mapping« bezeichnet, was soviel bedeutet wie »Abbilden« oder »Übertragen«.

Werden dabei alle Elemente der konkreten Idee auf die abstrakte Idee übertragen?

Nein, das ist nicht gut möglich. Würde man jedes Element einer Idee durch ein Element einer anderen Idee darstellen können, so handelte es sich nicht mehr um zwei Ideen, sondern um ein und dieselbe Idee. Metaphern haben aber immer zwei Bereiche: Die eine Idee wird zwar im Sinne der anderen Idee gedanklich erfasst, jedoch niemals erschöpfend abgebildet.

Und das ist das Interessante an der Geschichte: Metaphern haben einen restriktiven Charakter. Es werden immer – je nachdem, welche Metapher wir nutzen, um über eine Sache nachzudenken oder zu sprechen – bestimmte Aspekte dieser Sache ausgeblendet und andere hervorgehoben: »Metaphors hide and highlight«, also: »Metaphern verstecken und heben hervor«, ein weiterer Slogan der kognitiven Wissenschaft.

Und dieser selektive Charakter von Metaphern hat erhebliche Folgen für unser Denken. Denn die Metapher entscheidet darüber, auf welche Aspekte einer Sache wir uns konzentrieren und welche unser Gehirn ignoriert.

1.8 Handeln in Metaphern: Denn wir tun, was wir denken

Folgt man der Logik unseres bisherigen Gesprächs, so bleibt an dieser Stelle zu folgern: Unterschiedliche Metaphern in unseren Köpfen führen tatsächlich zu unterschiedlichen Handlungen. Wie lässt sich das an einem Beispiel aus der Politik illustrieren?

Nehmen wir die Idee der Moral, eine in der Politik entscheidende Idee. Moral ist eine abstrakte Idee, die wir am besten in metaphorischer Form erfassen können. Und sie ist eine besonders wichtige Idee. Es gibt eine ganze Reihe unterschiedlicher Metaphern für Moral. Eine Form, über Moral zu denken, ist die Metapher von moralischer Buchhaltung.

Auf welcher Erfahrung basiert diese Metapher? Auf unserer Erfahrung von menschlichem Wohlergehen. Wir alle teilen die Erfahrung, dass es einem besser geht, wenn man im Leben die Dinge hat, die man braucht. Wir lernen daher die Metapher *Wohlergehen* ist *Reichtum*. Und diese Metapher, zusammen mit unserem Wissen über Rechnungswesen, führt zu der Metapher von der moralischen Buchhaltung.

Wenn jemand einem etwas Gutes tut, dann *gibt* man den Gefallen *zurück*. Man kann jemandem sein Verhalten *hoch anrechnen*. Sie *schulden* jemandem etwas. Eine Schuld wird *beglichen*. Man *verrechnet* Gefallen, die man einander tut. Und wir denken nicht nur in dieser Weise, sondern unser Verständnis von moralischem Verhalten führt dazu, dass wir auch so handeln.

Was, wenn das Gegenteil der Fall ist und jemand einem etwas Schlechtes tut?

Nun, es gibt unterschiedliche Wege, darüber zu denken – und entsprechend zu handeln. Jemand kann zum Beispiel, nachdem er etwas Schlechtes getan hat, etwas gleichwertig Gutes tun, um seine Schuld *auszugleichen*. Es gibt also ein Konzept der moralischen *Rückerstattung*: die Wiedergutmachung. Man gleicht etwas Schlechtes mit etwas Gutem aus. Das ist eine Art, über moralischen Ausgleich zu denken.

Doch es gibt auch eine andere Schlussfolgerung, ein anderes Handlungsmuster, dem die Metapher von der moralischen Buchführung zu Grunde liegt. Jemandem, der etwas Schlechtes getan hat, kann etwas gleichwertig Schlechtes getan werden. Ihm wird seine schlechte Tat *zurückgezahlt* oder *heimgezahlt*. Es gibt also ein Konzept der moralischen *Rückzahlung*: die Vergeltung oder auch Rache. Man tut etwas Schlechtes und erfährt als moralischen Ausgleich etwas gleichwertig Schlechtes.

Das bedeutet, wenn jemand Ihnen einen Teil Ihres Wohlergehens – metaphorisch – wegnimmt, dann können Sie entweder eine Wiedergutmachung an Ihrem eigenen Wohlergehen verlangen oder im Gegenzug sein Wohlergehen verkleinern?

Ja, und wir *gleichen*, auf beide Weisen, gedanklich *die Konten aus*.

Oder auch nicht. Und in dem Falle hat man noch eine Rechnung offen.

Exakt. Sie sehen also, unser Verständnis von Moral ist metaphorisch. Und wir handeln unterschiedlich, je nachdem, welches gedankliche Konzept von moralischem Ausgleich in unseren Köpfen vorherrscht, wie wir gedanklich *unsere Bücher führen*, im Sinne der Wiedergutmachung oder im Sinne der Vergeltung. Welches Konzept angewandt wird, variiert von Kultur zu Kultur.

Es gibt Kulturen, in denen Vergeltung der einzige Weg zum Ausgleichen der moralischen Konten ist. Wir haben das in der Vergangenheit zum Beispiel in Palästina beobachten können. Mitglieder der Hamas töten jemanden von der Fatah. Mitglieder der Fatah brennen am folgenden Tag das Parlamentsgebäude nieder, in dem die Hamas sich trifft. Ein Handeln, das auf dem metaphorischen Konzept der Vergeltung als Möglichkeit des moralischen Ausgleichs basiert.

Mir scheint, als kehrten wir an dieser Stelle zurück zum Ausgangspunkt unseres Gesprächs: »Metaphern können töten« schrieben Sie in besagtem Artikel über den bevorstehenden Irak-Krieg. Weil Metaphern das außenpolitische Vorgehen der Vereinigten Staaten determinieren?

Genau. Das außenpolitische Handeln einer Nation ist immer bedingt durch eine ganze Reihe von Metaphern, die unser Begreifen internationaler Politik und internationaler Konflikte weitgehend strukturieren. Und im Fall des Irak-Krieges führte das Handeln nach bestimmten Metaphern zum Tode unzähliger Menschen. »Metaphern können töten«, haben Sie mich zitiert, und ich füge heute hinzu: »Metaphern haben getötet.«

1.9 Auf leisen Sohlen ins Gehirn: Metaphern in der politischen Sprache

Welche Rolle spielen Metaphern im politischen Sprachgebrauch?

Nun, wir haben darüber gesprochen, dass eine Idee viele Metaphern haben kann. Was passiert also, wenn wir in Metaphern sprechen? Diejenige Metapher, derer wir uns in der Sprache bedienen, bestimmt zu einem großen Teil, wie unser Gegenüber die Situation wahrnimmt. Sprache kann also als selektives Instrument eingesetzt werden: Wir können durch metaphorischen Sprachgebrauch regelrecht in das Gehirn unseres Gegenübers gelangen und bestimmen, wie er eine Sache oder Situation begreift.

Und je häufiger man eine Metapher in der Sprache wiederholt, desto stärker werden die entsprechenden Synapsen im Gehirn der Zuhörer. Das Gehirn verändert sich physisch, indem es die Verbindungen wieder und wieder feuert.

Wird also in der politischen Debatte eine Metapher über lange Zeit hinweg ständig benutzt und durch die Medien verbreitet, so wird das, was eigentlich eine Metapher ist, in unseren Köpfen zum Common Sense, also zum allgemeinen Verständnis der Situation.

Es ist aber ein Verständnis, das bestimmte Aspekte hervorhebt und andere ausblendet. Und gleichzeitig wird ein alternatives metaphorisches Verständnis der Lage ausgeschlossen oder doch zumindest erheblich erschwert. Es ist also von höchster Relevanz, welche Metaphern wir in der politischen Sprache benutzen, denn sie entscheiden darüber, was wir – Sprecher und Hörer – denken. Und was wir *nicht* denken, weil es in der gewählten Metapher nicht vorkommt.

Man kann sich aber doch als Zuhörer dafür entscheiden, eine Metapher abzulehnen und die Situation im Sinne einer anderen Metapher zu verstehen.

Theoretisch kann man das tatsächlich. Man kann den Gebrauch von Metaphern in der Sprache ausmachen, das dahinterstehende Denkmuster analysieren und sich verdeutlichen, welche unbewussten Schlussfolgerungen aus der Metapher entstehen. Doch die Realität ist: Menschen tun es nicht. Sie sind sich ja noch nicht einmal dessen bewusst, dass sie einen Großteil der Welt, dass sie politische »Wirklichkeiten« in Form von Metaphern begreifen!

Weil die Menschen an ihren althergebrachten Annahmen über das Denken festhalten?

Richtig. Die Menschen sagen sich: »Mein Denken ist mir komplett bewusst! Es obliegt allein meiner Entscheidung, wie ich denke und welche Schlussfolgerungen ich ziehe! Alle Menschen können gleich denken! Und indem ich denke, erfasse ich objektive Wahrheiten, die in der Welt vorhanden sind. Alle Dinge haben einen eigentlichen Sinn und können gedanklich so nachvollzogen werden, wie sie existieren. Deshalb kann ich, wie jeder andere Mensch auch, objektiv denken und sprechen.«

Nun, und das macht den metaphorischen Sprachgebrauch – gerade in der politischen Sprache – so effektiv: Metaphern schaffen politische Realitäten in den Köpfen der Hörer. Und die Hörer bemerken es nicht.

2. Die Nation als Familie: »Wenn dein Baby nachts schreit, nimmst du es hoch?«

2.1 *Reine* Gewissen und *niedere* Taten: Wie Metaphern unser Denken über Moral strukturieren

In Ihrem Buch Moral Politics[7] *setzen Sie sich mit dem politischen Wertekampf in den USA auseinander. Im Vorwort heißt es, die Spaltung zwischen konservativen und progressiven Wählern in den USA sei weit mehr als nur ein Unterschied in den politischen Interessen. Sie sei eine moralische Trennung.« Wie viele Metaphern haben wir für die Idee von der Moral?*

Wir kennen bisher ungefähr zwei Dutzend. Das Besondere an ihnen ist, dass alle Menschen sie teilen: Wir haben die gleichen Metaphern für Moral, denn sie entstehen aus unserer direkten Erfahrung in der Welt. Sie können in einer Gesellschaft unterschiedlich oft benutzt werden. Und manche von ihnen können eine größere Rolle spielen als andere.

Und die Erfahrung, auf der unser gemeinsames Metaphernsystem für Moral basiert, ist das menschliche Wohlergehen?

Genau. Die gemeinsamen Metaphern für Moral ergeben sich aus unserer Erfahrung menschlichen Wohlergehens, also der Frage danach, wann es uns gut und wann es uns schlecht ergeht. Wir haben schon darüber gesprochen, dass es zum Beispiel die Metapher der moralischen Buchführung gibt. Aber es gibt noch eine Vielzahl weiterer Erfahrungen, die zu anderen Metaphern für Moral führen.

Zum Beispiel lernen wir, dass es uns besser ergeht, wenn wir körperlich stark sind. Und dass es uns schlechter ergeht, wenn wir körperlich schwach sind. Daraus ergibt sich die Metapher der *moralischen Stärke*: Moral wird von uns als physische Stärke begriffen. Wir sprechen davon, *schwach* zu werden oder *Stärke* zu beweisen.

Als Kind ist man besser dran, wenn man aufrecht stehen kann, als wenn man auf dem Boden krabbelt. Daher kommt unsere Metapher *Moral* ist *Aufrichtigkeit*. Wir sagen Dinge wie: »Dazu lasse ich mich

7 G. Lakoff (2002): Moral Politics. How Liberals and Conservatives Think. Chicago/London (University of Chicago Press), 2nd ed.

nicht *herab*, das wäre eine *niedere* Tat«, oder auch: »Ich vertraue ihm, er ist ein *aufrechter* Mensch.«

Es ergeht einem besser, wenn man gesund ist, und es ergeht einem schlechter, wenn man krank ist. Daher lernen wir die Metaphern *Moral* ist *Gesundheit* und *Unmoral* ist *Krankheit*. Man spricht davon, dass einer eine *gesunde* Arbeitsauffassung hat, Verbrechen können einem *kranken* Hirn entspringen. Eine der unbewussten Schlussfolgerungen dieser Metapher ist es, dass Unmoral sich wie eine Krankheit *verbreiten* und zu einer *Ansteckung* anderer führen kann.

Es gibt eine Metapher, durch die wir moralisches Verhalten als das Schreiten entlang einem Weg mit klaren geografischen Grenzen verstehen. Wir denken Dinge wie: »Jetzt hast du aber eine *Grenze überschritten*!«, »Sie ist vom *rechten Weg abgekommen*!«, und: »Das war ein Fehl*tritt*!«

Eine andere wichtige Metapher für Moral ist *Moral* ist *Reinheit*. Sie basiert auf der Erfahrung, dass es uns besser ergeht, wenn wir reinlich sind, und es uns schlechter ergeht, wenn wir in Schmutz leben. Diese Metapher führt dazu, dass wir sagen: »Ich habe ein *reines* Gewissen«, »Er hat *schmutzige* Gedanken«, oder auch: »Ich *wasche* meine Hände in Unschuld.«

Das erinnert an Pontius Pilatus, der sich – der Überlieferung gemäß – nach dem Urteilsspruch über Jesus die Hände wusch.

Übrigens hat es vor einiger Zeit eine interessante Studie an der Universität in Toronto gegeben. Man ließ Menschen solche Handlungen durchdenken, die als unmoralisch gelten. Anschließend säuberten einige ihre Hände, andere nicht. Diejenigen, die ihre Hände säuberten, schienen hinterher ein weniger belastetes Gewissen zu haben.

Ein Beispiel dafür, wie unser metaphorisches Denken über Moral nicht nur unsere Sprache strukturiert, sondern auch unser Handeln bestimmt?

Das wäre ein Beispiel dafür, wie die Metapher *Moral* ist *Reinheit* unser Denken und Handeln strukturiert.

Nun gut, aber was haben diese Metaphern für Moral mit unserer politischen Werteauffassung zu tun?

Sehr viel. Ich habe Ihnen vorhin am Beispiel der Metapher von moralischer Buchführung gezeigt, wie metaphorisches Denken über Moral zu sehr unterschiedlichem Handeln führen kann. Nehmen wir die Verbrechenspolitik in den USA, die auf der Metapher moralischer Buchführung gründet.

Wenn es um die Todesstrafe geht, dann bevorzugen die Konservativen das metaphorische Konzept der *Rückzahlung*: Wer das Leben eines anderen nimmt, der *zahlt* dafür mit seinem Leben. Gerechtigkeit ist hergestellt.

Die Metapher der moralischen Buchführung kann aber auch eine andere Verbrechenspolitik bedingen, nämlich nach dem Prinzip der *Wiedergutmachung*. Ein Modell, das von den Progressiven favorisiert wird.

Aber die Kernfrage bleibt dennoch unbeantwortet: Wie führt metaphorisches Denken über Moral zu der grundsätzlichen politischen Spaltung zwischen Konservativen und Progressiven in den USA?

Lassen Sie mich Ihnen eine weitere, ausgesprochen wichtige Metapher für Moral erklären. Sie ist grundlegend für unsere politische Weltsicht, weil sie nämlich determiniert, was wir als moralisches Handeln begreifen. Sie hat zu tun mit der Antwort auf die Fragen: Was ist richtiges Handeln? Was ist falsches Handeln? Wer bestimmt darüber, ob man richtig handelt? Wer sagt einem, was das Richtige ist?

Und dieses Moralverständnis hat mit unserer Familie zu tun.

2.2 *Vater*land und *Haushalt*splan: Die Nation als Familie

Die Moral einer Gesellschaft zeigt sich in ihren sozialen Normen und, institutionalisiert, in Form von Gesetzen. Weshalb die Familie?

Wann machen wir unsere ersten Erfahrungen damit, gesagt zu bekommen, was richtig und was falsch ist? Als Kind, als Mitglied in unserer Familie. Die Familie ist unsere primäre und tiefgreifendste Erfahrung damit, »regiert« zu werden. Und Familien können durch unterschiedliche Moralauffassungen strukturiert sein. Wir können, wenn wir das Richtige tun, dafür belohnt werden, wenn wir das Falsche tun, dafür bestraft werden. Oder aber man führt einen Dialog mit uns darüber, was das Richtige ist und was das Falsche. Die entscheidende Frage lautet: Auf welche Art lernt ein Kind in seiner Familie, was moralisches Verhalten ist?

Diese Frage determiniert letztlich unsere Auffassung davon, was moralische Politik ist, denn wir übertragen unser Verständnis von moralischer Autorität in der Familie unbewusst auf die Politik.

Das heißt, dass wir eine Metapher haben, durch die wir die Nation als Familie begreifen.

Sicherlich. Die Metapher *Nation* ist *Familie* ist uns so geläufig, dass wir sie gar nicht weiter beachten. Es ist für uns ganz natürlich, soziale Gruppen – und somit auch die Nation, in der wir leben – gedanklich als Familie zu begreifen. In Deutschland sprechen Sie vom *Vater*land. Man spricht von *Mütterchen* Russland und *Mutter* Indien. Nationen senden ihre *Söhne* in den Krieg. In den USA haben wir Gründungs*väter*. Sehen Sie, niemand würde auf die Idee kommen zu bezweifeln, dass die Idee von *Vätern* der richtige Weg ist über diejenigen Menschen zu sprechen, die dieses Land begründet haben.

Und die Bezeichnung *founding fathers* setzt sich aus zwei Metaphern zusammen: zum einen *Nation* ist *Familie*, daher also *fathers*, zum anderen *Gesellschaft* ist *ein Gebäude* mit einem *Fundament*, das von den *Vätern* der Nation gelegt wurde.

Nun, weiter haben Regierungen *Haushalts*pläne. Es gibt eine Vielzahl von Beispielen. Der Punkt ist: Wir sprechen nicht nur über die Nation als Familie, wir denken über die Nation als Familie und übertragen dadurch Wissen und Erfahrungen aus unserer Familie auf die Nation.

Welche Bedeutung hat die Metapher von der Nation *als* Familie *für unser politisches Denken?*

Ich erkannte ihre Relevanz für unser politisches Denken und Handeln, als ich mir eine Frage über die US-amerikanische Politik stellte. Ich stellte mir die Frage im Jahre 1994. Damals war der Demokrat Bill Clinton Präsident der USA. Die Kongresswahlen standen bevor. Die Republikaner hatten ein Dokument veröffentlicht, das sich »Contract With America« nannte, also »Vertrag mit Amerika«. Das Dokument war in der Geschichte einmalig und hatte großen Erfolg – die Republikaner gewannen die Wahl.

Was stand in dem Dokument?

Die Republikaner beschrieben darin ihre Positionen zu einzelnen innen- und außenpolitischen Themen. Ich las also den »Contract With America«. Und ich war restlos verwirrt.

Sinn des Dokuments war es, den Menschen zu vermitteln, woran die Konservativen glauben und welche politischen Positionen sie vertreten. Und es enthielt folgende Aussagen: Die Konservativen waren für die Pauschalsteuer und gegen Abtreibung. Ich wunderte mich: »Was haben Steuern mit Abtreibung zu tun?« Weiter waren sie gegen umweltpolitische Regulierungen. Und ich fragte mich: »Was haben Umweltreglementierungen mit der Pauschalsteuer und dem Abtreibungsverbot zu tun?« Außerdem sprachen sie sich dafür aus, dass die Menschen in den USA Waffen besitzen dürfen. Und meine Frage, Sie können es sich denken, war: »Was haben nun wieder Waffengesetze mit Umweltpolitik, Pauschalsteuer und Abtreibungsverbot zu tun?« Ich konnte es beim besten Willen nicht verstehen! Ich sagte mir: »Das sind ja wirklich höchst merkwürdige Leute. Ihre politischen Positionen haben keinen gemeinsamen Sinn.«

Und während ich über die konservativen Positionen nachdachte, kam mir eine Erkenntnis, die mich noch mehr verwirrte: Ich vertrat in allen genannten Punkten die genau entgegengesetzte Meinung! Also fragte ich mich: »George, wie hängen eigentlich deine eigenen politischen Überzeugungen zusammen?«, und ich hatte auch auf diese Frage keine befriedigende Antwort!

Anders formuliert: Sie stellten sich die Frage, worin Ihre politischen Überzeugungen wurzelten und was genau Sie eigentlich von einem Konservativen unterschied?

Richtig, eine ziemlich wichtige Frage, wie ich fand. Nun, ich wusste, dass unsere Auffassung von Dingen in der Welt, also auch davon, was moralische Politik bedeutet, in unseren Gehirnen entsteht. Hinter den politisch konservativen und politisch progressiven Ansichten zu den einzelnen Themen mussten zwei grundlegende und gegensätzliche Denkmuster stehen. Es musste sich also um ein Problem der kognitiven Wissenschaft handeln. Glücklicherweise bin ich kognitiver Wissenschaftler. Das menschliche Denken ist mein Forschungsfeld. Ich sagte mir: »Okay, ich habe wirklich keine Ahnung, was hier los ist. Aber vielleicht komme ich der Sache auf die Spur, indem ich sie als Problem in meiner Wissenschaftsdisziplin formuliere.« Und das war es, was ich tat.

Ich sagte mir: »Wir haben also eine Sammlung von politischen Positionen, die zusammen auftreten und so eine konservative oder progressive Identität formen. Aber wo haben diese einzelnen Positionen eigentlich jeweils ihre Gemeinsamkeit? Weshalb ist ein Progressiver für Umweltschutz und gegen die Todesstrafe? Weshalb ist ein Konservativer für Steuererleichterung und gegen Abtreibung? Kurz: Worin begründen sich konservative und progressive Positionen in der Politik?«

Sie hätten sich die Arbeit erleichtern können, hätten Sie ein politisches Lexikon zur Hand genommen. Darin hätten Sie sinngemäß folgende Definition gefunden: Konservatismus hat seine sprachliche Wurzel im lateinischen conservare, *was »erhalten« und »bewahren« bedeutet. Der politische Konservatismus gründet in der Vorstellung, traditionelle Werte zu bewahren und die vorherrschende politische und moralische Ordnung zu schützen. Progressismus ist der Gegenpol, eine politische Strömung, die politische und kulturelle Veränderungen in einer Gesellschaft zu begünstigen sucht.*

Sehen Sie, diese vagen Definitionen sind ebenso weit verbreitet, wie sie unbrauchbar sind. Die Annahme lautet also: Konservative Politik will alte gesellschaftliche Werte bewahren; progressive Politik strebt nach einer Veränderung gesellschaftlicher Zustände. Nun, wenden wir diese Definition einmal auf die konservative Politik in den USA an: Sind niedrige Steuern, Aggressionskriege und Beschattung der Bürger im eigenen Land traditionelle US-amerikanische Werte? Nein? Aha. Und sehen wir uns die progressive Seite an: Sind die Ideen von Steuern als gemeinsamem Vermögen, Schutz der Bürger vor staatlicher Willkür und Rechenschaftspflicht der Regierung nicht traditionelle US-amerikanische Werte? Ja? Nochmals: Aha.

Sie verwarfen, wenn ich Sie richtig verstehe, die gängige politikwissenschaftliche Definition konservativer und progressiver Ideologie, um herauszufinden, wie sich politische Identitäten auf physische Unterschiede in den Gehirnen der Menschen zurückführen lassen?

Richtig. Und ich begann, Feldforschung zu betreiben. Für einige Monate kam ich zu keinen Ergebnissen. Doch dann kam ich endlich auf die Idee, mir die konservative Antwort auf fast alle politischen Fragen anzusehen. Sie lautete: Familienwerte. Die Konservativen redeten unablässig über Familienwerte. Und ich hatte keine Idee, warum!

Ich fragte mich: »Warum sprechen Politiker, die für hohe politische Ämter kandidieren, unaufhörlich über Familienwerte, wenn die politischen Probleme im Land und in der Welt nukleare Aufrüstung, globale Erwärmung und soziale Ungerechtigkeit sind? Was haben all diese Dinge mit Familienwerten zu tun?«

Und an diesem Punkt erinnerte ich mich an eine Seminararbeit, die einer meiner Studenten im Einführungskurs geschrieben hatte. Ich ging also an meine alten Unterlagen und suchte diese Hausarbeit heraus. Sie handelte davon, wie wir über die Nation, in der wir leben, metaphorisch als Familie sprechen. Und mir dämmerte: »Sieh einmal, George, wenn diese Metapher stimmt, dann reden wir nicht nur über unsere Nation als Familie. Wir denken über sie als Familie. Und wir handeln dementsprechend. Wir haben zwei unterschiedliche politische Überzeugungen davon, wie die Nation regiert werden soll? Nun, vielleicht haben wir diese zwei Auffassungen über die Nation, weil wir zwei unterschiedliche Vorstellungen von Familie haben.«

2.3 Familienwerte und Politik: »Wenn dein Baby nachts schreit, nimmst du es hoch?«

Wie entdeckten Sie die beiden Familienmodelle, die in den Köpfen der Menschen zu unterschiedlichen Familienmetaphern für die Nation führen?

Ich war noch mit meiner Forschung beschäftigt, als sich eine befreundete Professorin vom Institut für politische Wissenschaften unserer Universität an mich wandte. Die *National Science Foundation* hatte sie gebeten, eine Frage für eine Meinungserhebung zur politischen Identität von US-Bürgern zu formulieren. Die Frage musste so gestellt sein, dass man an der Antwort glasklar erkennen konnte, welche politische Einstellung jemand hatte: konservativ oder progressiv.

Nun, meine Bekannte fragte all ihre Freunde, wie die Frage lauten müsste. Mir fiel keine passende Frage ein. Also fragte ich wiederum all meine Freunde. Und damals war gerade ein guter Freund bei mir zu Besuch, der Psychotherapeut Paul Baum. Wir saßen abends in meinem Garten, und ich erzählte ihm von der Sache. Und er sagte: »George, ich kenne die perfekte Frage.«

Eine Frage also, die Aufschluss darüber gibt, ob man einem politisch konservativ oder progressiv denkenden Menschen gegenübersteht?

Genau, und die Frage, die er vorschlug, lautete: »Wenn dein Baby nachts schreit, nimmst du es hoch?« Ich sagte: »Warum? Was steckt dahinter, Paul?« Und er, als der Therapeut, der er war, sagte: »Denk darüber nach, George!«

Also begann ich, über Kindererziehung nachzudenken und darüber, welchen Einfluss sie auf die Beantwortung der Frage haben würde: »Wenn dein Baby nachts schreit, nimmst du es hoch?« Ich erforschte die Mechanismen der Metapher *Nation* als *Familie* im Detail und fügte die gegensätzlichen politischen Positionen des konservativen und progressiven Lagers ein.

Und zu meiner Überraschung ließen sich die politischen Programmpunkte tatsächlich auf die Moralvorstellungen zweier gegensätzlicher Familienmodelle zurückführen: das konservative Familienmodell mit einer *Strenger-Vater*-Moral und das progressive Familienmodell mit einer *Fürsorgliche-Eltern*-Moral.

Der Unterschied zwischen staatlicher Strenge in der konservativen und staatlicher Fürsorge in der progressiven Politik ist vielfach beobachtet worden und schwerlich als Neuentdeckung zu bezeichnen.

Sicherlich ist diese Trennung zwischen Strenge und Fürsorge in der Politik präsent. Die Frage ist nicht, *ob* sie existiert, sondern *weshalb* sie existiert. Welches bewusste und unbewusste Denken – welches Verständnis von Moral – führt zu diesen Unterschieden im Regieren einer Nation?

Und hinter dem, was Sie als »staatliche Strenge« und »staatliche Fürsorge« bezeichnen, stehen zwei unterschiedliche Weltsichten: die *Strenger-Vater*-Weltsicht und die *Fürsorgliche-Eltern*-Weltsicht. Die Relevanz beider Modelle für die Politik – und für erfolgreiches Kommunizieren politischer Werte – liegt in ihren Details, die unser metaphorisches Denken über die Nation strukturieren.

3. Moralische Politik: Strenge Väter und fürsorgliche Eltern

3.1 Strenge Väter der Nation: Das konservative Familienmodell

Durch welche Werte ist also das konservative Familienmodell strukturiert?

Nun, in der *Strenger-Vater*-Familie haben wir zunächst einmal einen strengen Vater als Familienoberhaupt, als legitime und unanfechtbare Autorität. Weshalb braucht die Familie eine solche moralische Autorität? Weil dieses Modell davon ausgeht, dass es in der Welt Böses gibt und dass das Leben Gefahren birgt.

Grundlage des Modells wäre demnach die klassische Dichotomie von »Gut und Böse«.

Ja, die Welt birgt Gefahren, und der Vater muss moralisch stark genug sein, um die Familie gegen Böses zu verteidigen und vor Schaden zu schützen. Die Metapher *Moral* ist *Stärke* ist also ausgesprochen wichtig. In der klassischen konservativen Familie hat die Mutter diese Rolle nicht inne, denn sie ist nicht in der Lage, die Familie gegen die Welt zu behaupten. Es gibt in dem Familienmodell also eine Geschlechterdifferenzierung. Es gibt den Vater als absolute moralische Autorität und Beschützer der Familie. Und es gibt die Mutter, welche die Autorität des Vaters mit aufrechterhält. Sie sehen, dass es in diesem Familienmodell undenkbar wäre, ein homosexuelles Elternpaar zu haben. Die Möglichkeit von zwei Vätern oder zwei Müttern passt nicht in das Modell, das eine geschlechterdefinierte Rollenaufteilung impliziert.

Weiter ist es die Aufgabe des Vaters, die Familie zu ernähren. Und um das zu tun, tritt er in einen Wettbewerb mit anderen ein. Er muss sich in der Welt des Wettbewerbs gegen andere behaupten, um die Familie zu versorgen. Um sich gegen andere zu behaupten, muss er stark sein. Und es wird davon ausgegangen, dass die Mutter diese Rolle nicht übernehmen kann, weil sie nicht über die gleiche Stärke verfügt.

Drittens wird vorausgesetzt, dass es zwei Verhaltenskategorien gibt, und zwar »richtiges« und »falsches« Verhalten. Und diese Kategorien stehen nicht zur Diskussion. Der Vater als Familienautorität weiß, was richtig und was falsch ist, und es herrscht eine hierarchische Kommunikationsstruktur: »Father knows best.« Er erzieht seine Kinder, indem er Verhaltensregeln aufstellt, moralisches Verhalten belohnt und unmoralisches Verhalten bestraft. Gehorsam gegenüber dem Vater ist ein moralischer Wert in diesem Familienmodell. Und es wird von der Annahme ausgegangen, dass Kinder gewissermaßen schlecht auf die Welt kommen.

Was bedeutet »schlecht«?

»Schlecht« bedeutet »undiszipliniert«. Und zwar in dem Sinne, dass sie nur das tun, was sie tun wollen. Das ist nicht die Schuld der Kinder. Sie haben einfach den Unterschied zwischen »Richtig« und »Falsch« noch nicht gelernt. Nun, es ist die Aufgabe des Vaters, den Kindern diesen Unterschied beizubringen und sie zu disziplinierten Menschen zu erziehen. Es wird angenommen, dass der einzige Weg, dem Kind den Unterschied zwischen »Richtig« und »Falsch« beizubringen, das Prinzip von Belohnung und Strafe ist. Und das Prinzip der Bestrafung hat die höhere Relevanz. Rasche und schmerzhafte Bestrafung ist wichtig, denn dadurch lernt das Kind, dass es etwas falsch gemacht hat. Und es lernt, sich selbst zu disziplinieren und unmoralisches Verhalten zu vermeiden.

Sie scheinen die Bestrafung als Erziehungsprinzip der elterlichen Liebe entgegenzusetzen.

Nein, konservative Eltern lieben ihre Kinder, wie es alle Eltern tun. Sehen Sie, die Bestrafung des Kindes durch den Vater ist seine moralische Aufgabe. Er tut es nicht aus Boshaftigkeit, sondern aus Liebe und Verantwortung gegenüber dem Kind. In den USA sagen wir dazu *tough love*. Der Vater glaubt daran, dem Kind damit Gutes zu tun. Und die Bestrafung des Kindes fällt dem Vater womöglich sogar schwer, er kann sich sogar dazu überwinden müssen: »It hurts me more than it hurts you.« Aber es ist seine moralische Aufgabe. Bestraft er das Kind nicht, so tut er ihm damit Schlechtes. Er wäre ein schlechter Vater.

Es ist wirklich wichtig, das zu verstehen. Die Disziplinierung des Kindes ist eine moralische Pflicht der Familienautorität, und sie geschieht aus Liebe zu dem Kind. Sie hilft ihm, moralisch zu wachsen und innere Stärke zu entwickeln. Also: »No pain, no gain.« Nur so kann es eines Tages seine eigene moralische Autorität werden. Die äußere Disziplinierung durch den Vater führt dazu, dass das Kind innere Disziplin entwickelt und zu einem starken Menschen heranwächst. Als seine eigene moralische Autorität kann er sich fortan selbst dazu disziplinieren, die richtigen Dinge zu tun und die falschen Dinge, auch wenn er sich danach fühlt, zu unterlassen. Nur so wird er eines Tages selbständig sein, sich auf sich selber verlassen können und sich im Wettbewerb der Welt behaupten, ohne auf die Hilfe anderer angewiesen zu sein.

Die Metapher *Moral* ist *Stärke* hat also einen wichtigen Platz in diesem Familienmodell. Und Selbstdisziplin ist moralische Stärke. Sie befähigt einen, sein Eigeninteresse zu verfolgen und im Leben Erfolg zu haben.

Letztlich wäre auch hier die Unterteilung in »Gut« und »Böse« grundlegend: Der selbstdisziplinierte Mensch besitzt die Fähigkeit, sein inneres Böses – die eigene Unmoral – zu überwinden.

Ja. Es gibt das äußerliche »Gut und Böse«, und es gibt das innerliche »Gut und Böse«. Wer moralische Stärke entwickelt hat, der kann sich beidem entgegenstellen. Er kann erstens seine innere Unmoral bezwingen: Selbstdisziplin, und er kann zweitens das Schlechte auf der Welt bezwingen: Courage.

Sprechen wir über das Prinzip von Belohnung und Bestrafung nach der Strenger-Vater-*Moral und übertragen es auf die US-amerikanische Gesellschaft: Wie strukturiert die konservative Familienmetapher das innenpolitische Denken?*

Nun, zunächst einmal gehen die Konservativen in den USA davon aus, dass jeder die Möglichkeit hat, erfolgreich zu sein. Jeder kann es vom Tellerwäscher zum Millionär bringen, wenn er nur genügend moralische Stärke entwickelt. In den USA nennen wir das: »Pulling yourself up by the bootstraps.« Im Deutschen spricht man, soweit ich weiß, davon, »sich an den eigenen Haaren aus dem Sumpf zu ziehen«.

Und diese Annahme führt zu folgendem Umkehrschluss: Wenn einer nicht erfolgreich ist, dann ist er einfach nicht diszipliniert genug, besitzt keine moralische Stärke. Er ist moralisch schwach, und daher verdient er es, erfolglos und arm zu sein. Es ist eine natürliche und angemessene *Bestrafung*. Wie hilft man diesem Menschen? Nun, indem man ihm die Möglichkeit gibt, moralische Stärke zu entwickeln. Ihm Dinge zu geben, die er sich nicht selbst durch seinen Willen erarbeitet hat, wäre eine unangemessene *Belohnung*. Man würde moralische Schwäche belohnen und ihm die Möglichkeit nehmen, stark und selbstdiszipliniert zu werden. Es ist schlichtweg unmoralisch, Menschen etwas zu geben, das sie nicht verdient haben. Man schadet ihnen damit, weil man sie der Möglichkeit beraubt, innerlich zu wachsen.

Und aus diesem Grund ist es den Konservativen in den USA nicht einfach gleichgültig, ob es Sozialprogramme gibt, sondern sie halten sie für unmoralisch. In ihren Augen schaden Sozialprogramme den Menschen.

In den USA hat sich für solche Leute, die sich um sozial benachteiligte Mitbürger kümmern, die abfällig konnotierte Bezeichnung do-gooders *durchgesetzt. Ein sprachliches Geschwisterkind des deutschen Begriffs »Gutmenschen«, der in der politischen Rhetorik auf die Abwertung sogenannter politisch korrekter Personen abzielt.*

Ja. In den USA bezeichnet *do-gooders* solche Leute, die sich nicht darauf konzentrieren, ihr Eigeninteresse zu verfolgen, sondern versuchen, anderen zu helfen. Und in den Augen der Konservativen stellen sich *do-gooders* denjenigen Menschen, denen sie vermeintlich helfen, in Wirklichkeit in den Weg. Sie verhindern, dass diese Menschen innere Disziplin entwickeln und ihr Eigeninteresse verfolgen. Sie schaden den Menschen durch ihre Intervention.

Mit anderen Worten: Sozialprogramme manipulieren ein System, das es jedem ermöglicht, moralische Stärke zu entwickeln und sein Eigeninteresse zu verfolgen.

Richtig, sie bringen das moralische System von Belohnung und Bestrafung in Unordnung. Und das schadet der Gesellschaft als ganzer, weil es den Menschen die Notwendigkeit nimmt, selbstdiszipliniert ihr Eigeninteresse zu verfolgen. Was kennzeichnet also eine moralische

Gesellschaftsstruktur? Ganz einfach: Wettbewerb – ein soziales System von Belohnung und Bestrafung.

Diejenigen, die moralische Stärke beweisen, werden belohnt, indem sie es zu Wohlstand bringen. An dieser Stelle sehen wir auch, wie die Positionen der Konservativen zur Steuerpolitik in ihrer Moral begründet sind: Hohe Steuern sind schlichtweg unmoralisch, denn man bestraft durch sie moralische Menschen, die Selbstdisziplin entwickelt haben. Es gibt eine weitverbreitete Fehlannahme darüber, weshalb konservative Politik eine Pauschalsteuer favorisiert: Die Reichen wollten sich noch mehr bereichern. Nun, das ist nicht ganz richtig. Hohe Steuern sind schlicht eine Bestrafung von moralischem Verhalten – ein unmoralischer Akt des Staates.

3.2 Die Stärksten überleben: Die Fehlinterpretation Darwins

Es gibt eine recht populäre Vorstellung davon, wie sich eine Gesellschaft durch Wettbewerb optimiert: Der Sozialdarwinismus besagt, sozialer Wettbewerb führe dazu, dass die stärksten Menschen naturgegeben an die Spitze des Systems gelangen.

Der Sozialdarwinismus ist ein Mythos. Charles Darwin wurde fehlinterpretiert. Sehen Sie, Darwin stammte aus Schottland, er kam aus Glasgow, das Land wurde damals von der Kirche Schottlands regiert, die eine konservative Kirche war, schlicht: eine *Strenger-Vater*-Kirche. Darwin entwickelte damals seine Theorie, und die Leute sagten: »Wir haben es ja gewusst. Diejenigen, die überleben, haben es verdient zu überleben, denn sie haben sich als die Stärksten behaupten können.« Nun, das hatte Darwin nicht gesagt. Er sprach von »survival of the *fittest*«, also dem »Überleben der *Passendsten*«.

Wo liegt also der gedankliche Fehler?

Der Sozialdarwinismus geht davon aus, dass soziale Selektion naturgegeben ist nach dem Motto: »Wenn es in der Natur so funktioniert, dann ist es ganz natürlich für unsere Gesellschaft, auch so zu funktionieren.« Aber was hatte Darwin wirklich gesagt? Er sagte, dass in der Natur bestimmte Tiere nur aus einem Grund überleben: Sie passen am besten in ihre ökologische Nische.

Nehmen wir an, Sie seien ein grüner, ich hingegen sei ein roter Schmetterling, und wir lebten beide als Nachbarn in demselben Dschungel. Ein Dschungel, in dem es von grünen Blättern wimmelt. Nun, dann ist die Wahrscheinlichkeit groß, dass Sie überleben, denn Sie sind relativ gut vor Fressfeinden geschützt. Das Gleiche gilt für Ihre Nachkommen, zumindest wenn sie das Glück haben, Ihre grünen Flügel zu erben.

Nehmen wir nun mich, den roten Schmetterling, den Pechvogel. Ich bin ein leichtes Ziel, unsere gemeinsamen Fressfeinde sehen mich inmitten der grünen Blätter, und mein Risiko, ihnen zum Opfer zu fallen, ist um ein Vielfaches höher als das Ihre. Die Überlebenschance meiner Art ist wesentlich geringer.

Ich bin also nicht stärker, sondern einfach nur grüner als Sie.

Genau, wer von uns beiden überlebt, hat nicht das Geringste zu tun mit Eigenverdienst. Es hat zu tun mit ökologischen Nischen und damit, per Zufall am besten in diese Nischen zu passen. Aber die Theorie Darwins wurde damals im Sinne der *Strenger-Vater*-Weltsicht interpretiert und metaphorisch auf die Gesellschaft angewandt. Die Idee war, dass es gut sei, sein Eigeninteresse zu verfolgen, und die Stärksten würden dann in der Gesellschaft zu Recht »überleben«. Es gäbe also eine natürliche Form sozialer Selektion. Und diese moralische Theorie über die Gesellschaft wurde verkauft als naturwissenschaftliche Theorie.

Darwin selbst widersprach übrigens der Theorie von der natürlichen »sozialen Selektion« und bezeichnete sie als falsch.

3.3 Die »unsichtbare Hand« des Adam Smith: Moralische Märkte

Die Idee des Sozialdarwinismus, naturgegeben bestimme die persönliche Stärke darüber, welche Menschen an die Spitze der Gesellschaft gelangen, passt überraschend gut zu dem Konzept des »freien Marktes«, das für einen Handel frei von staatlicher Intervention steht.

Das ist richtig, die Idee des Sozialdarwinismus und der »freie Markt« gehen Hand in Hand: Die Stärksten werden sich behaupten, und zwar naturgemäß. Nun, in Wirklichkeit sind Märkte niemals frei. Sie sind immer konstruiert von irgendwem. Und sie sind konstruiert zum Vorteil bestimmter Leute und zum Nachteil anderer Leute.

Aber es gibt einen Mythos vom *Markt* als *natürlicher Gewalt*, der von Adam Smith stammt: Wenn jeder seinen eigenen Profit verfolgt, dann wird der Profit aller maximiert, und zwar durch eine *unsichtbare Hand* – also: durch die Natur. Dazu kommt die Metapher *Wohlergehen* ist *Reichtum*. Diese beiden Metaphern führen, miteinander kombiniert, zu einem konservativen moralischen Grundsatz: Wenn jeder in der Gesellschaft sein eigenes Wohlergehen verfolgt, dann wird naturgegeben das Wohlergehen aller maximiert. Was ist also moralisch? Es ist moralisch, innerhalb des freien Marktes mit anderen in Wettbewerb zu treten und dabei sein Eigeninteresse zu verfolgen.

Aber, wie gesagt, der freie Markt existiert nicht wirklich. Er ist eine Metapher der Konservativen.

Der freie Markt *ist eine Metapher, die allein der konservativen Moral entspricht?*

Ja, alle Märkte sind konstruiert. Der Aktienmarkt hat Regeln, diese Regeln hat jemand gemacht. Die *World Trade Organization* hat Handelsregulierungen, die stolze 900 Seiten füllen. Also: Jeder Markt hat Regeln, und diese Regeln sind keine Regeln der Natur. Sie sind gemacht von Menschenhand. Und sie können geändert werden. Und Progressive sollten öffentlich darüber sprechen, dass der *freie Markt* ein Mythos ist, dass er nur frei innerhalb bestimmter Regeln ist, die ihn strukturieren, und dass diese Regeln geändert werden können.

Denn wenn sie die konservative Metapher vom *freien Markt* akzeptieren, dann werden Progressive zu denjenigen Leuten, die den Markt durch Regulierungen »unfrei« machen wollen.

3.4 Fürsorgliche Eltern der Nation: Das progressive Familienmodell

Sie sagen, die Progressiven begingen in ihrer politischen Argumentation einen Fehler, indem sie eine Metapher verwenden, der ein Denken im Sinne der Strenger-Vater-*Moral zu Grunde liegt. Lassen Sie uns an dieser Stelle also über die alternative, die progressive Familienmoral sprechen: Wie sieht die Struktur des* Fürsorgliche-Eltern-*Modells aus?*

Die grundlegenden Konzepte des progressiven Familienmodells sind Fürsorge und Verantwortung.

Es ist die Aufgabe der Eltern, für das Kind zu sorgen und es zu fördern. Das Kind soll so aufgezogen werden, dass es selbst zu einem »Fürsorger« wird, also jemandem, der sich für andere einsetzt und sie fördert. Dieser Teil ist der moralische Kernpunkt des Modells. Das Kind soll dazu erzogen werden, für andere zu sorgen, und nicht dazu, sich gegen andere zu behaupten.

Die wichtige Frage lautet: Was macht Fürsorge möglich? Die Antwort: Einfühlungsvermögen und Verantwortung. Man muss sich in das Kind einfühlen, die Dinge aus der Sicht des Kindes nachvollziehen und sich mit ihm identifizieren können. Man muss lernen zu erkennen, was das Kind braucht. Und man muss bereit sein, Verantwortung für das Kind zu übernehmen.

Ziel ist es, das Kind so zu erziehen, dass es sich als für andere Menschen zuständig begreift, sich in sie hineinversetzen und auf dieser Grundlage für sie Verantwortung übernehmen kann. Wie lernt ein Kind, andere Menschen zu verstehen? Indem man mit ihm spricht. Der Dialog mit dem Kind ist zentral in diesem Erziehungsmodell, und er tritt an die Stelle der hierarchischen Kommunikationsstruktur. Man spricht mit dem Kind auf Augenhöhe, nimmt seine Ideen und Belange ernst.

Natürlich haben auch in diesem Modell die Eltern die Entscheidungsgewalt. Aber es wird darüber gesprochen, weshalb bestimmte Entscheidungen getroffen werden. Das Kind soll den Rat der Eltern suchen und ihre Autorität anerkennen, weil es sie liebt und respektiert. Es geht also um eine positive Anbindung des Kindes. Auf diese Weise entwickelt das Kind Ehrgeiz, die Eltern stolz zu machen. Das Kind möchte persönliche Erfolge erringen, um sie nach Hause zu bringen. Und zwar mit dem Ziel, Anerkennung durch die Eltern zu erfahren, indem es ihrem guten Beispiel gefolgt ist. Der springende Punkt ist, dass diese Erfolge nicht als »Siege gegen andere« verstanden werden. Es kann zum Beispiel ein Erfolg sein, einem anderen Menschen geholfen zu haben, indem man Verantwortung für ihn übernommen hat.

Wie lernt das Kind, Verantwortung für andere zu übernehmen? Nun, indem die Eltern Bereitschaft zeigen, das Kind zu verstehen, lernt es selbst, andere zu verstehen. Und nur so kann das Kind zu einem Menschen heranwachsen, der sich erfolgreich mit anderen auseinandersetzen, für seine Mitmenschen Verantwortung übernehmen und mit ihnen kooperieren kann.

Es scheint, als ließen sich die beiden Modelle an dieser Stelle auf die Gegensätzlichkeit von Egoismus und Uneigennützigkeit reduzieren.

Nein. Im konservativen Denken geht es nicht schlicht um Egoismus: Der Mensch hilft der Gesellschaft, ihr Wohlergehen im weitesten Sinne zu optimieren, indem er diszipliniert sein Eigeninteresse verfolgt. Er tut also Gutes.

Und die progressive Familienmoral folgt nicht dem Ziel, Kinder ausschließlich zur Uneigennützigkeit zu erziehen. Das stünde im Gegensatz zu der Idee, für andere Verantwortung zu übernehmen. Überlegen Sie einmal, was wirkliche Verantwortung bedeutet. Nun, zunächst einmal Verantwortung sich selbst gegenüber. Denn man kann nur dann für andere Sorge tragen, wenn ausreichend für einen selbst gesorgt ist. An erster Stelle steht also immer – auch im progressiven Denken – die Verantwortung sich selbst gegenüber. Dazu gehören auch Dinge wie individuelle Selbstverwirklichung und persönliche Zufriedenheit. Das Kind soll lernen, eines Tages für sich selbst zu sorgen und darüber hinaus für andere Verantwortung zu übernehmen.

Kritik an dem progressiven Familienmodell ist dennoch schnell gefunden: Es mangelt an Disziplin. Das Kind wird nach dem Laisser-faire-Prinzip erzogen, darf im Leben einfach das tun, was es will, ohne klare Regeln und ohne moralische Autorität.

Falsch, das Modell ist das Gegenteil von der Idee, Kinder sich selbst zu überlassen. Ziel ist es, das Kind zu einem Menschen zu erziehen, der soziale Verantwortung übernimmt. Das Kind soll in einer Gemeinschaft seinen Beitrag leisten können, in der man nicht ausschließlich sein Eigeninteresse verfolgt, sondern sich zudem um andere kümmert.

Dennoch ist Ihre Kritik interessant, denn sie zeigt eine grundlegende Fehlinterpretation der progressiven Familienmoral durch die Konservativen auf. Sehen Sie, es gibt ein weiteres Familienmodell, das *Nachgiebige-Eltern*-Modell, in dem den Kindern gestattet wird, alles das zu tun, was sie wollen. Das ist aber das genaue Gegenteil des *Fürsorgliche-Eltern*-Modells. Denn ein Kind, das so aufwächst, lernt weder, für sich selbst zu sorgen und eigene Lebensziele zu verfolgen, noch lernt es, gleichzeitig für andere Verantwortung zu übernehmen.

Nun, konservativ denkende Menschen erkennen oft keinen Unterschied zwischen einer *Nachgiebige-Eltern-* und einer *Fürsorgliche-Eltern-*Familie. Die Erklärung hierfür liegt in der Struktur ihrer eigenen Familienmoral: Es gibt in keinem der beiden Modelle einen strengen Vater als moralische Autorität der Familie, keine absoluten Verhaltensregeln, und moralisches Verhalten präsentiert sich nicht als Gehorsam gegenüber dem Vater.

Wie kann das progressive Modell als ein durch Werte strukturiertes Familienmodell verstanden werden, wenn es keine klaren Regeln gibt, die dem Kind aufzeigen, was richtig und was falsch ist?

Natürlich gibt es in dem Modell Vorstellungen von »Richtig« und »Falsch«. Aber sie sind weniger unmittelbar als in der konservativen Familienmoral und befinden sich auf einer höheren Ebene des Verhaltens. Moralisches Verhalten manifestiert sich im generellen Umgang mit anderen Menschen: Es ist falsch, anderen Menschen zu schaden. Du sollst deine Mitmenschen verstehen und ihnen helfen. Das ist das elementare moralische Prinzip des progressiven Familienmodells.

Und um dieses Prinzip umzusetzen, braucht der Mensch Empathie. Denn was »helfen« postuliert und was »schaden« bedeutet, hängt vom Kontext der jeweiligen Situation ab. Man muss die Bedürfnisse von Menschen innerhalb verschiedener Situationen verstehen und fähig sein, von seiner eigenen Sicht auf die Dinge Abstand zu nehmen.

Es gibt also keine Sammlung von Verhaltensregeln und moralischen Maßstäben, auf die man zurückgreifen kann, wie es im konservativen Modell der Fall ist. Und richtiges und falsches Handeln aus der progressiven Weltsicht hat auch nichts zu tun mit einer kategorischen Aufteilung der Welt in »Gut« und »Böse«.

Moralisches Handeln aus progressiver Weltsicht fordert ein konstantes moralisches Verstehen der Situation. Das Kind lernt also nicht, seinem Vater – und später sich selbst – zu gehorchen; es lernt stattdessen, zu verstehen.

Progressive Toleranz als Gegenstück zur konservativen Wertedoktrin?

Nun, um andere Menschen zu verstehen, muss man sie zunächst einmal tolerieren. Man muss fähig und bereit dazu sein, sich mit ihrer Sicht auf die Dinge zu befassen. Der Mensch soll nicht bewertet, sondern begriffen werden. Und das hat natürlich damit zu tun, dass es in diesem Familienmodell keine vom Vater festgelegten moralischen Kategorien gibt – keine »Wertedoktrin«, wenn Sie so wollen.

Aber an dieser Stelle ist noch etwas anderes von Bedeutung. Und das hat mit der Moral der *Strenger-Vater*-Weltsicht zu tun und mit der Annahme, dass sich die Welt in »Gut« und »Böse« aufteilen lässt. Nun, die Werte, die der strenge Vater als legitime Familienautorität vertritt, sind »gut«. Was aber, wenn andere Menschen nach anderen Werten leben? Dann gefährden sie die legitime Autorität des strengen Vaters. Es ist also eine moralische Pflicht des Vaters, das eigene Wertesystem nicht nur in der Familie aufrechtzuerhalten, sondern zusätzlich nach außen hin zu verteidigen, indem er alternative Wertesysteme bekämpft. Sehen Sie, weshalb sollte ein Konservativer, der mit seiner Familie in einer kleinen Ortschaft in Kansas lebt, gegen gleichgeschlechtliche Ehen in San Francisco sein? Er hat möglicherweise noch nie einen homosexuellen Menschen getroffen und hat auch nicht vor, jemals nach San Francisco zu reisen. Und wir können davon ausgehen, dass ein homosexueller Mensch, der mit seinem Partner in San Francisco lebt, keinerlei Intention hat, nach Kansas zu reisen. Die beiden würden sich nie treffen. Welche Bedeutung hat es also für den konservativen Familienvater im mittleren Westen, ob Menschen – Tausende Meilen entfernt – Ehepartner gleichen Geschlechts haben dürfen? Nun, die Idee einer gleichgeschlechtlichen Ehe widerspricht dem Wertesystem seiner Familienmoral komplett. Sie stellt seine Rolle als legitime Familienautorität in Frage.

Nun, ein Progressiver versteht Toleranz nicht als Schwäche, sondern als Stärke. Denn Toleranz hat damit zu tun, andere Menschen zu verstehen und mit ihnen zu kooperieren. Das ist ein moralischer Wert im *Fürsorgliche-Eltern*-Modell, und er verlangt Empathie.

Womit hat Toleranz noch zu tun? Mit moralischer Fürsorge und Verantwortung. Es soll anderen Menschen gutgehen, und sie sollen sich selbst verwirklichen können. Es gibt also keine starren moralischen Grenzen, innerhalb deren sich »gute« Menschen bewegen müssen, sondern man unterstützt die Idee individueller Lebenserfüllung. Man begrüßt alternative Religionen, alternative sexuelle Orientierungen und so weiter, weil man sie nämlich nicht als eine Bedrohung des eigenen Wertesystems begreift. Wo hat Toleranz ihre naturgegebene Grenze? An der Stelle, an der andere Menschen zu Schaden kommen.

Sie sagten vorhin, die Familie zu beschützen sei ein wichtiges Element der Strenger-Vater-*Moral, nach der es die Aufgabe des Vaters ist, die Familie gegen Böses in der Welt zu verteidigen. Stoßen wir an dieser Stelle auf ein Element, das beiden Familienmodellen gleichermaßen innewohnt?*

Nun, es gibt einen Unterschied zwischen dem Verteidigen der Familie im Sinne konservativer Weltsicht und dem Schützen der Familie im Sinne progressiver Weltsicht. Der *strenge Vater* verteidigt seine Familie. Denken Sie nur an die konservative Waffenlobby. Weshalb befürworten die Konservativen den Besitz von Waffen? Es gibt böse Menschen, die Welt ist ein gefährlicher Ort. Und um das Böse zu bekämpfen, ist es legitim, die Werkzeuge des Bösen zu nutzen: »Fighting evil with evil tools.« Es ist also moralisch, seine Familie mit Waffengewalt gegen andere zu verteidigen.

Wo liegt nun der Unterschied zwischen dem konservativen und progressiven Verständnis von Schutz für die Familie? Sehen wir uns die *Fürsorgliche-Eltern*-Moral an. Aus ihrer Sicht ist es eine moralische Pflicht, dafür zu sorgen, dass niemand in der Gesellschaft jemand anderem Schaden zufügt. Genau wie das Helfen, ist auch das Schützen vor Schaden ein progressiver Wert. Nun, die Legalisierung von Schusswaffen in den USA führt dazu, dass eine ganze Menge von Menschen getötet wird. Wie schützen wir Menschen davor, dass sie sich gegenseitig erschießen? Ein guter Anfang wäre es vielleicht, ihnen keine tödlichen Schusswaffen mehr zu geben und ihnen nicht länger Waffenmunition in Supermärkten zu verkaufen.

Die progressive Idee von Schutz zeigt sich in vielerlei Form, zum Beispiel im Verbraucher- und Umweltschutz: Menschen sollen davor geschützt werden, unwissentlich gifthaltige Lebensmittel zu konsumieren oder große Mengen von Feinstaub und anderen Schadstoffen einzuatmen. Oder in der Sexualerziehung: Junge Menschen sollen vor ungewollten Schwangerschaften oder Infektionen geschützt werden. Dazu müssen sie aufgeklärt sein und die richtigen Informationen haben. Die Konservativen in den USA setzen sich gegen Aufklärung in den Schulen ein, weil sie aus ihrer Sicht zu unmoralischen sexuellen Handlungen unter jungen Menschen führt. Und in der Außenpolitik sehen wir dasselbe Prinzip: Eine der ersten Amtshandlungen von George W. Bush im Jahre 2000 war es, die Gelder ersatzlos zu streichen, mit denen die USA Projekte zur Familienplanung in den Entwicklungsländern förderten. Die Bush-Administration finanziert in diesen Ländern stattdessen kirchliche Projekte, die sich gegen sexuelle Verhütung aussprechen.

Ein augenfälliges Merkmal der USA ist ihre für andere westliche Demokratien ungewöhnlich drastische Gesetzgebung. Gerichte können unter anderem Kinder und Jugendliche zu langen Gefängnisstrafen verurteilen. Wie wirken sich die konservative und die progressive Auffassung von Schutz, über die wir gerade sprachen, auf die Verbrechenspolitik in den USA aus?

Nun, unser Justizsystem war nicht immer so drastisch wie zur heutigen Zeit, es hat sich unter dem Einfluss der Konservativen verändert. Was ist ein Krimineller in den Augen der *Strenger-Vater*-Moral? Ein schlechter, unmoralischer Mensch. Man muss die Gesellschaft davor schützen, dass sich Unmoral *verbreitet*. Hier ist die Metapher *Moral* ist *Gesundheit* relevant. Wie schützt man die Gesellschaft am besten davor, dass sich Unmoral verbreitet? Man sperrt den Menschen ein. Das ist politisches Denken im Sinne der *direct causation*, der »unmittelbaren Kausalität«. Ein Krimineller hat sich als essentiell schlechter Mensch erwiesen, man entfernt *bad apples*, wenn Sie so wollen. Denken Sie nur an den Automatismus: »Three strikes and you are out!«, also: »Drei Fehlschläge, und du bist raus!« Nach diesem Gesetz werden Menschen zu lebenslanger Haft verurteilt, wenn sie sich im Laufe ihres Lebens dreimal strafbar machen. Und zwar zum Teil ganz unabhängig von der Schwere ihres Vergehens.

Nun, das progressive Verständnis von Kriminalität folgt dem Denken der *systemic causation*, der »systemischen Kausalität«. Man geht davon aus, dass Kriminalität eine ganze Reihe sozialer Ursachen hat. Wie lässt sich Kriminalität am besten bekämpfen? Indem man ihre Ursachen bekämpft. Nun, systemische Ursachen für Kriminalität kann man – gemäß ihrer Natur – am besten durch Präventivpolitik bekämpfen. Das bedeutet: Man muss aktiv werden, bevor jemand kriminell wird. Und das kann man auf vielerlei Arten tun, zum Beispiel indem man den Menschen Chancen eröffnet.

Man erkennt also an, dass es soziale Gründe gibt, die Kriminalität mitbedingen. Und dass die Gesellschaft eine Verantwortung trägt, diesen Gründen entgegenzuwirken, um ihre Mitglieder vor Kriminalität zu schützen.

In den Augen der konservativen Strenger-Vater-*Moral sind sozialer und wirtschaftlicher Wettbewerb die Grundpfeiler für eine moralische Gesell-*

schaft. Staatliche Fürsorge in Form von Sozialprogrammen wird als Schaden am Individuum begriffen. Übertragen wir die progressive Familienmetapher auf die Struktur der Nation, so scheint staatliche Fürsorge zur moralischen Pflicht zu werden.

Und zwar, weil Sozialprogramme ebenden Menschen helfen, die Hilfe benötigen. Weil sie auf dem Konzept von Empathie basieren. Es gibt in jeder Gesellschaft Menschen, die auf verschiedene Weise benachteiligt sind und sich nicht aus eigener Kraft um sich selbst kümmern können. Es gibt physisch oder psychisch verletzte Menschen. Es gibt alte Menschen. Es gibt Menschen, die mit Behinderungen auf die Welt kommen und nicht für sich sorgen können. Es gibt Menschen, die in ihrem Leben eine Menge Leid erfahren haben und nicht länger für sich selbst sorgen können.

Es gibt einige generelle Prinzipien, die sich für eine Gesellschaft aus der *Fürsorgliche-Eltern*-Moral ableiten. Ein wesentliches Prinzip ist es, dass es Grenzen gibt, wie ein Mensch behandelt werden darf. Menschen dürfen nicht dem Hungertod überlassen werden. Sie dürfen nicht der Obdachlosigkeit überlassen werden. Nun, alleine im vergangenen Jahr haben knapp 35 Millionen US-Bürger nicht genügend Geld gehabt, um sich in erforderlichem Umfang Nahrungsmittel zu kaufen. Und die Zahl der Obdachlosen in den USA beläuft sich auf geschätzte 600 000 Menschen.

Was ergibt sich weiter aus den Prinzipien der *Fürsorgliche-Eltern*-Moral? Menschen dürfen nicht ohne Kleidung und ohne medizinische Versorgung bleiben. In den USA leben knapp 16 Prozent der Bevölkerung ohne Krankenversicherung. Der Umstand, dass es in den USA keine staatliche Krankenfürsorge gibt, widerspricht der progressiven Weltsicht, nach der es ein Minimum menschlicher Würde für jeden Einzelnen in einer Gesellschaft geben muss. Jedem ein existentielles Minimum zu gewähren ist nicht nur eine Schicklichkeit, sondern eine Pflicht. Kein US-Amerikaner sollte Hunger leiden, ohne Obdach oder medizinische Grundversorgung sein. Und es ist eine moralische Aufgabe des Staates, dafür Sorge zu tragen.

3.5 Moralische Steuern: Das »Commonwealth-Prinzip«

Sprechen wir kurz über Steuern, ohne die auch staatliche Fürsorge unmöglich wäre. Die Konservativen in den USA favorisieren die Pauschalsteuer.

Wie sich das in der Strenger-Vater-*Moral begründet, haben wir bereits gesehen: Hohe Steuern werden als unmoralischer Akt der Regierung begriffen, weil sie selbstdisziplinierte Menschen zu Unrecht finanziell bestrafen und so das System sozialen Wettbewerbs gefährden. Was lässt sich aus progressiver Weltsicht über Steuern sagen?*

Wenn wir in Form der progressiven Familienmetapher über die Nation denken, dann folgt daraus zunächst einmal die Idee staatlicher Fürsorge und Verantwortung.

Die Idee, dass der Staat verpflichtet ist, für das Wohlergehen eines jeden Bürgers Sorge zu tragen, erfuhr in den USA zu der Zeit von Präsident Franklin Roosevelt besondere Bedeutung. Er griff ein historisches Prinzip der Vereinigten Staaten wieder auf, das »Commonwealth-Prinzip«. Der Gedanke war, das gemeinsame Vermögen, also das »Common Wealth«, für das gemeinsame Wohl, das »Common Good«, zu nutzen, indem man gemeinsam eine Infrastruktur aufbaut und erhält. Diese Infrastruktur sollte jeder Einzelne zur Erfüllung individueller Lebensvorstellungen und Ziele nutzen können.

Wir haben auch heute noch in den USA diesen Mechanismus: Steuern. Steuern haben damit zu tun, gemeinsames Vermögen für gemeinsames Wohlergehen zu nutzen. Nun, in den heutigen USA ist diese Infrastruktur sehr komplex. Und sie betrifft das alltägliche Leben und Schaffen jedes einzelnen Bürgers. Lassen Sie mich einmal raten: Sie haben sich heute morgen nach dem Frühstück an Ihren Computer gesetzt und Ihre E-Mails gecheckt. Gegen zehn rief ich Sie dann auf Ihrem Handy an, und wir vereinbarten unseren Interviewtermin.

So in etwa, ja.

Nun, das Internet wurde mit Hilfe von Steuergeldern entwickelt. Das Satellitenkommunikationssystem, das es jedem von uns ermöglicht, mobil zu telefonieren, wurde durch Steuergelder finanziert. Ebenso verhält es sich mit der Elektrifizierung, also dem Bereitstellen von Elektrizität, nicht nur in Städten, sondern auch in ländlichen Gebieten. Und dem Bankensystem, das einzelne Banken davor schützt zu kollabieren. Dem Börsen-Sicherheits-System, das dafür sorgt, dass der Börsenmarkt redlich bleibt. Alles ist durch Steuergelder finanziert. Die Justiz wird zum größten Teil durch Steuergelder finanziert, allerdings betreffen neun Zehntel der Justizarbeit in den USA Unternehmens- und Firmenrechte.

Kurz gesagt, jeder Mensch, der es in der Wirtschaft der USA zu Geld bringt, hat das gemeinsame Vermögen, das »Commonwealth«, dazu genutzt: Er nimmt Kredite auf, schließt Verträge, benutzt Straßen, um seine Ware zu transportieren, und nutzt das Kommunikationssystem. Und je mehr Geld jemand verdient, je umfangreicher also seine Geschäfte werden, desto mehr bedient er sich dieser gemeinsamen Infrastruktur: mehr Werbung, mehr Warentransporte, mehr Verträge, höhere Kredite und so fort. Und er sollte entsprechend höhere Steuern zahlen.

Dennoch, viele Geschäftsleute in den USA vertreten die Ansicht, sie hätten es ganz aus eigener Kraft zu geschäftlichem Erfolg gebracht, wären self-made business men. *Es muss also ein anderes Denkmuster geben, das der Idee des »Commonwealth« gegenübersteht.*

Sicherlich, und das hat mit dem metaphorischen Begreifen von »Nation« zu tun. Viele Menschen nehmen einfach nicht wahr, dass sie das gemeinsame Vermögen nutzen. Weshalb? Weil sie in Form der *Strenger-Vater*-Moral über die Nation denken. Wir haben vorhin darüber gesprochen, dass Metaphern nicht nur einen Fokus setzen, sondern auch Aspekte der Realität »unsichtbar« machen können. Nun, wenn man die Nation metaphorisch als *Strenger-Vater*-Familie versteht, dann »versteckt« diese Metapher bestimmte Realitäten: nämlich den Umstand, dass der Vater den Wettbewerb in der Welt nicht alleine bestreitet und aus eigener Stärke gewinnt, sondern dass ihm von anderen Menschen dabei geholfen wird. Aus konservativer Weltsicht kooperiert der Vater nicht mit der Welt, sondern er behauptet sich in ihr. Das Element der Hilfe durch andere ist notwendigerweise in dieser Metapher ausgeblendet, das »Commonwealth-Prinzip« hat gedanklich keinen Platz.

3.6 Idealisierte Realität: Strenge Mütter und fürsorgliche Väter

In Deutschland haben wir seit 2006 eine Bundeskanzlerin, Angela Merkel, die der konservativen CDU angehört. Margaret Thatcher war eine ausgenommen strenge politische Figur Englands. Können Frauen strenge Väter *sein?*

Ja. Sie können *strenge Väter* der Nation sein. Und genauso können Frauen innerhalb ihrer Familie die idealtypische Rolle des strengen Vaters übernehmen. Das kann zum Beispiel für alleinerziehende Mütter gelten, die oftmals besonders streng sind, weil das Kind keinen Vater hat, der ihm zeigt, *wo es langgeht*, wo also im Sinne der Metapher *Moral* ist *das Schreiten entlang einem Pfad* die *Grenzen* moralischen Verhaltens liegen. Eine konservative Mutter schlägt ihr Kind möglicherweise, wenn es nicht gehorcht, kann also ohne Probleme die Rolle des strengen Vaters übernehmen. Sie finden aber auch Familien, in denen die Ehepartner verschiedene Weltsichten haben: zum Beispiel eine konservativ denkende Mutter und einen progressiv denkender Vater. Viele Ehen scheitern daran, dass die Partner unterschiedliche Auffassungen von Familienmoral haben.

Und wenn sie den metaphorischen Gebrauch des Modells nehmen und sich die Politik anschauen, dann kann eine Frau selbstverständlich als strenge moralische Autorität im Sinne der *Strenger-Vater*-Moral eine Nation regieren.

Welche Relevanz können wir den beiden Modellen zusprechen, wenn sie sich in der Realität als derart durchlässig zeigen?

Dieselbe Relevanz, die wir allen idealtypischen Modellen zusprechen müssen. Sie strukturieren, als prototypische Kategorien, unser Begreifen von Dingen in der Welt. Beide Familienmodelle müssen im alltäglichen Leben nicht in ihrer idealtypischen Form realisiert sein. Sie können sich das so vorstellen: Die Metapher organisiert die Form, in der Sie über Moral denken. Und zwar auf eine sehr komplexe Art und Weise, die zu einer Fülle von gedanklichen Schlussfolgerungen führt. Die Metapher versteckt Aspekte und hebt Aspekte hervor. Sie sagt Ihnen, sich auf eine bestimmte Weise zu verhalten und nicht auf eine andere. Das Denkmuster führt zu Handlungsmustern.

Aber die Modelle sind dennoch idealisiert. Die Familie, in der Sie aufgewachsen sind, muss nicht genau so funktioniert haben. Es muss noch nicht einmal sein, dass irgendeine bestimmte Familie exakt so funktioniert.

Wie reagieren eigentlich konservative und progressive Menschen in den USA auf Ihre Theorie von den beiden Moralkonzepten?

Ich habe gute Freunde, die konservativ sind, und ich habe mich viel mit ihnen unterhalten. Manchmal korrigieren sie mich: »George, das hast du noch nicht richtig verstanden.« Und sie erklären mir, worum es in der konservativen Familie geht und welche Werte hinter ihrer Kindererziehung stehen. Kürzlich hielt ich eine Lesung hier in Berkeley. Nach der Veranstaltung kam ein Mann zu mir und sagte: »Herr Lakoff, sie haben genau verstanden, worum es mir in meiner Familie geht.« Er erzog seine Kinder nach dem konservativen Modell. Genauso sagen mir Progressive: »Jetzt verstehe ich endlich, weshalb ich bestimmte politische Positionen habe und weshalb ich die konservative Politik unmoralisch finde.«

Wobei die von einem Progressiven als unmoralisch empfundene Politik in den Augen eines Konservativen moralisch sein kann – schlicht gesagt: Über Moral lässt sich nicht streiten?

Sie haben es erfasst. Genau darum geht es. In den Augen eines Konservativen ist *Strenger-Vater*-Politik höchst moralisch. Und er wird einem Progressiven entgegnen: »Nein, im Gegenteil, deine politischen Vorhaben sind unmoralisch.« Und so kann es ewig weitergehen. Das ist leider eine Realität in der politischen Debatte. Weshalb? Weil die Menschen nicht verstehen, dass es keine Moral an sich gibt, sondern unterschiedliche Metaphern für Moral. Und dass ihre Auffassungen davon, was moralisch ist, komplett gegensätzlich sein können und dennoch wahr.

Und das ist ein ganz wichtiger Punkt: Beide Metaphern existieren gleichermaßen. Es gibt in unserer Kultur zwei Familienmodelle mit zwei essentiell unterschiedlichen Auffassungen von Moral, zwei gegensätzlichen Weltsichten. Und übertragen auf die Nation, führt dies zu unterschiedlichen Verständnissen davon, was moralische Politik bedeutet.

4. Bi-Conceptuals: Doppelmoral im Gehirn

4.1 Die Physiologie zweier Konzepte: Autorität und Empathie

Wenn wir die beiden Modelle einander gegenüberstellen, so zeigt sich ein grundlegend unterschiedliches Verständnis zwischenmenschlichen Umgangs: Autorität und Empathie.

Korrekt.

Wir haben darüber gesprochen, dass metaphorisches Denken stets in physischer Erfahrung wurzelt. Wie wir die Idee von Autorität lernen, ist schnell erfasst: Klein Paul verfügt über mehr physische Stärke als Klein Heinz und merkt, dass er seinen Willen durchsetzen kann, weil er stärker ist – das Gehirn lernt automatisch das Konzept von Autorität. Im Gegensatz dazu scheint der Versuch, die Idee von Empathie aus physischer Erfahrung abzuleiten, ein eher zweifelhaftes Unterfangen zu sein: Das Kind lernt einfühlsames Verhalten, indem mit ihm darüber gesprochen wird, wie man sich verhalten soll. Die Mutter sagt zu Klein Paul: »Du musst auch verstehen, wie Klein Heinz sich fühlt«, und Klein Paul ist fortan bemüht, sich bestmöglich in andere Kinder hineinzuversetzen.

Müssen wir uns unser Mitgefühl gewissermaßen antrainieren, während die Ausübung von Autorität – und damit das Denken in Form von Strenger-Vater-*Moral – direkter körperlicher Erfahrung wurzelt?*

Nein, überhaupt nicht. Vor ungefähr 16 Jahren, im Jahre 1991, gab es ein bahnbrechendes Ereignis in der Neurowissenschaft. Vittorio Gallese und eine Gruppe von Gehirnforschern an der Universität von Parma entdeckten damals die Spiegelneuronen. Diese Nervenzellen im Gehirn feuern immer dann, wenn man entweder selbst eine bestimmte Handlung ausführt oder jemand anderen diese Handlung ausführen sieht. In unserem Gehirn passiert also ein und dasselbe, egal ob wir selbst aktiv sind oder eine Aktivität unseres Gegenübers beobachten.

Und zwar sitzen die Spiegelneuronen in der prämotorischen Großhirnrinde, die unsere Bewegungen plant und steuert, und in derjenigen Region, die unsere Wahrnehmungen – wie zum Beispiel Sehen oder Hören – betrifft.

Sehen Sie, ich greife jetzt nach Ihrem Kugelschreiber und hebe ihn hoch. Sie beobachten diese Handlung. In Ihrem Gehirn feuern, indem Sie mir zusehen, bestimmte Nervenzellen, die diese komplexe Handlung nachvollziehen. So, und nun greifen Sie nach dem Kugelschreiber und heben ihn selbst hoch. Indem Sie das tun, feuern wieder Nervenzellen in Ihrem Gehirn. Es sind dieselben.

Das ist so nicht möglich. Wenn die Gehirnaktivität tatsächlich identisch wäre, dann würden die Menschen – willenlosen Marionetten gleich – ständig ihr Gegenüber nachahmen.

Das ist ein interessante Schlussfolgerung, die Sie aufzeigen: Man würde jemanden beobachten und – da die Gehirnaktivität dieselbe ist – unwillkürlich dieselbe Handlung ausführen. Aber das ist nicht der Fall, denn die Neuronen feuern in unterschiedlicher Intensität. Beobachtet man jemanden bei einer Handlung, so feuern die Neuronen weniger stark. Führt man sie hingegen selbst aus, so feuern sie intensiver.

Aber was hat das Ganze mit unserem Mitgefühl für andere Menschen zu tun – wie lernt unser kleiner Paul auf Grund physischer Erfahrung das Konzept von Empathie?

Dazu führen zwei Mechanismen. Erstens, es gibt im Gehirn Verbindungen zwischen der Region, in der die Spiegelneuronen sitzen, und der Region, die unsere Emotionen verwaltet.

Zweitens, es gibt eine »Physiologie von Emotionen«. Es gibt bestimmte Muskelbewegungen im Gesicht, die mit Gefühlen einhergehen. Wenn ein Mensch glücklich, traurig oder böse ist, dann treten simultan zu der Emotion bestimmte Gesichtsbewegungen auf. Wir bezeichnen sie als »Lächeln«, »trauriges« oder »böses« Gesicht. Aber wie kommt es eigentlich, dass wir begreifen, ob einer glücklich, ärgerlich oder ängstlich ist? Durch Spiegelneuronen. Wir beobachten, was die Gesichtsmuskeln des Gegenübers tun. Und im Gehirn aktivieren die Spiegelneuronen, was es für uns selbst bedeuten würde, diese Muskelbewegungen auszuführen. Also: Wir sehen jemanden, der ein »trauriges« Gesicht macht. In unserem Gehirn sind diejenigen Nervenzellen aktiv, die gefeuert würden, machten wir selbst ein »trauriges« Gesicht.

Es unterliegt also nicht unserer bewussten Entscheidung, ob wir mit anderen mitfühlen oder nicht – wir können uns dessen schlichtweg nicht erwehren, weil unser Gehirn die Emotionen des Gegenübers automatisch kopiert?

Ja. Die Spiegelneuronen in unserem Gehirn werden automatisch aktiv. Darüber haben wir keine Gewalt. Sie aktivieren, was es für unsere eigenen Muskeln bedeuten würde, die beobachtete Gesichtsbewegung auszuführen. Sie sind verbunden mit der emotionalen Region des Gehirns und rufen so das mit den Bewegungen der Gesichtsmuskulatur einhergehende Gefühl hervor.

Kurz gesagt: Wir empfinden Traurigkeit, Freude oder Angst unseres Gegenübers durch neuronale Imitation physisch nach. Die Menschen nennen das manchmal Gedankenlesen. Nun, es ist kein Gedankenlesen. Es ist ein physischer Mechanismus.

Klein Paul und Klein Heinz sehen auf dem Spielplatz einen weinenden Klein Hannes. Während Paul weiterspielt, setzt sich Heinz mit bekümmertem Gesicht zu Hannes und will ihn trösten. Wenn Mitgefühl nichts weiter als ein physischer Automatismus ist, wie kann es dann sein, dass manche Menschen mehr Empathie empfinden als andere?

Eine vorläufige Hypothese in der Neurowissenschaft lautet: Je stärker die neuronalen Verbindungen zwischen Spiegelneuronen und emotionaler Region im Gehirn, desto intensiver die physisch »mit-gefühlte« Emotion.

Nachdem wir diese mentalen Mechanismen nachvollzogen haben, stellt sich mir eine andere Frage: Ist unsere Neigung zur Empathie vielleicht sogar stärker in unserer körperlichen Erfahrung verwurzelt als diejenige zur Autorität?

Es wird Ihnen nicht gelingen, die beiden Konzepte zu hierarchisieren. Beide sind natürlich. Empathie ist eine natürliche Funktion unseres Körpers, die in der Physiologie unseres Gehirns liegt. Aber genauso natürlich machen wir die Erfahrung, dass manche Menschen physisch stärker sind als andere und den Schwächeren ihren Willen aufzwingen können. Beide Denkkonzepte sind durch körperliche Erfahrung bedingt. Interessant ist also die Frage: Welches Konzept dominiert in unserem Leben und weshalb?

Okay. Wie sehen wir das in den Familienmodellen?

Nun, die Väter sind als erwachsene Männer normalerweise physisch stärker als die Mütter und die Kinder. Sie sind fähig, in der Familie ihren Willen durchzusetzen, und sind daher die absolute moralische Autorität. Sie können bestimmen, was falsch und was richtig ist, und sie können diese Verhaltensregeln auch jederzeit durchsetzen, notfalls mittels physischer Kraft. Das ist die Basis der *Strenger-Vater*-Moral. Physische Auseinandersetzung – zwischen Vater und Kindern oder auch zwischen Vater und Mutter – ist in konservativen Familien nicht selten. Und ein Kind, das von seinem Vater physisch diszipliniert wird, das oft die Erfahrung physischer Unter- und Überlegenheit macht, lernt zunehmend das Konzept von moralischer Autorität.

In einer *Fürsorgliche-Eltern*-Familie hingegen lernt ein Kind durch die Fürsorge der Eltern das Konzept von Empathie. Es lernt Mitgefühl. Es erfährt Fürsorge und entwickelt die Fähigkeit zur Empathie, auf Grund deren es Verantwortung übernehmen kann. Es lernt, wenn Sie so wollen, das »Gedankenlesen«, also das Nachspüren von Bedürfnissen und Nöten anderer. Und auch das ist ein natürliches Verhalten.

Also, im Sinne der konservativen Wertemoral geht es darum, sein Kind stark werden zu lassen, es abzuhärten. In der progressiven Wertemoral geht es darum, das Kind durch Zuwendung zu einem mitfühlenden Menschen zu erziehen. Letztlich kommen wir an diesem Punkt auf unsere Frage zurück: »Wenn dein Baby nachts schreit, nimmst du es hoch?«

4.2 Denken in zweierlei Metaphern: Konservative und progressive Weltsicht

Die einfachen Konzepte »Autorität« und »Empathie« wurzeln in unserer direkten körperlichen Erfahrung: Jeder Mensch kennt sie und kann nach ihnen handeln.

Aber wir wissen, dass Strenger-Vater-*Weltsicht und* Fürsorgliche-Eltern-*Weltsicht eine höchst komplexe metaphorische Struktur haben. Der Mensch lernt die eine oder andere Familienmetapher auf Grund sozialer Erfahrungen in seiner Familie. Wenn wir also in einer konservativen Familie aufwachsen, sind wir dann gegen politisches Denken im Sinne der* Fürsorgliche-Eltern-*Metapher immun?*

Ganz und gar nicht. Nehmen wir an, jemand wächst in einer *Fürsorgliche-Eltern*-Familie auf. Er erlebt das *Strenger-Vater*-Modell in anderen Familien, zum Beispiel in den Familien seiner Freunde, und er lernt, die Struktur des konservativen Modells zumindest gedanklich nachzuvollziehen.

Darüber hinaus sind beide Familienmetaphern gleichermaßen Teil unserer Kultur, wir werden Tag für Tag mit ihnen konfrontiert. Wenn man in den USA aufwächst, dann macht man automatisch Bekanntschaft mit beiden Modellen. Und wenn man sie erkennt, dann hat man sie auch in irgendeiner Form in seinem Gehirn. Ein Progressiver kann also problemlos die Handlungsstruktur eines Arnold-Schwarzenegger-Films nachvollziehen. Ein 25-jähriger Umweltaktivist kann in Oregon vor seinem Fernseher sitzen und sich *Rocky I* bis *Rocky VI* anschauen, er wird den Sinn der Filme verstehen. Genauso wie seine Eltern die John-Wayne-Western verstanden haben. Und ein Konservativer kann sich *Oprah Winfrey* ansehen und verstehen, worum es in ihrer Show geht.

Und nicht zuletzt sehen wir Anwendungen der beiden Metaphern wieder und wieder in der politischen Debatte und in den Medien.

Wenn wir beide Familienmodelle gleichermaßen verstehen, auf beide Arten über die Nation denken können, wonach entscheidet sich dann, nach welchem Moralkonzept wir letztlich politisch handeln?

Es gibt im Gehirn einen physischen Unterschied zwischen solchen metaphorischen Konzepten, nach denen wir Tag für Tag handeln, und solchen, die wir »nur« verstehen. Diejenigen, die wir aktiv in Handlungen umsetzen, sind stärker etabliert und verfügen über mehr neuronale Verbindungen zu anderen Bereichen des Gehirns. Diejenigen, die wir nachvollziehen können, aber nicht handelnd umsetzen, verfügen über schwächere Verbindungen im Gehirn.

4.3 Moral mal zwei: Bi-Conceptuals

Dann ist es unwahrscheinlich, dass jemand beide Metaphern gleichermaßen in seinem Leben umsetzt?

Nein, es gibt sogar viele Menschen – in den USA sind es über ein Drittel der Bevölkerung –, die beide Modelle in verschiedenen Bereichen ihres Lebens anwenden.

Es gibt Demokraten, die größtenteils progressiv sind, aber in einigen Bereichen ihres Lebens konservativ denken. Leute, die in der eigenen Familie und in der Politik im Sinne der progressiven Moral handeln, bei der Arbeit aber das konservative Modell nutzen. Ich habe einige Kollegen hier an der *University of California*, Berkeley, die zu Hause *fürsorgliche Eltern* sind, im Klassenzimmer jedoch *strenge Väter*. Es gibt viele Frauen, die in der Familie nach dem *fürsorglichen* Modell leben, doch an ihrem Arbeitsplatz, zum Beispiel als Führungskraft in einer Firma, das konservative Modell bevorzugen.

Und es gibt Republikaner, die sich als konservativ verstehen, aber in manchen Bereichen ihres Lebens progressiv denken. Leute, die in der Politik konservativ sind, aber privat die Natur lieben und progressive Werte haben, wenn es um den Umweltschutz geht. Es gibt Konservative, die in einer progressiven Gemeinde leben, in der man sich umeinander sorgt, Verantwortung füreinander übernimmt und gemeinnützige Arbeit leistet. Es gibt viele Konservative, die zu Hause *strenge Väter* sind, aber eine progressive Auffassung vom Geschäft haben. Sie sind stolz darauf, ehrliche Geschäftsleute zu sein, niemals jemandem zu schaden und den Leuten im Ort durch ihr Geschäft zu helfen. Und es gibt immer mehr Konservative, die sich sehr um die Gesundheit ihres Körpers und ihre Verbindung zu der Welt sorgen. Sie essen biologisch angebaute Lebensmittel, machen Yoga, belegen Selbstfindungsseminare und meditieren in der Mittagspause. Das sind Leute, die vielleicht am Arbeitsplatz als *strenge Väter* auftreten, aber eine *fürsorgliche* Auffassung gegenüber ihrem Körper und Geist haben.

Ein Großteil der Menschen in den USA wenden beide Modelle in verschiedenen Bereichen ihres Lebens an. Sie denken nicht nur in Form beider Metaphern, sie handeln auch nach ihnen. Wir bezeichnen sie als »Bi-Conceptuals«. Die wichtige Frage lautet: Welches Modell werden sie in Bezug auf die Politik anwenden? Welche Familienmetapher wenden sie gedanklich auf die Nation an, die des *strengen Vaters* oder die der *fürsorglichen Eltern*? Und das hat einzig und allein damit zu tun, welche Sprache wir in der öffentlichen politischen Debatte benutzen, denn die Sprache aktiviert die eine Metapher im Gehirn, während sie zeitgleich die andere ausblendet.

Wie spricht man also zu diesen Menschen?

Das Ziel von Progressiven muss es sein, das progressive Modell in den Köpfen der Menschen zu aktivieren. Also spricht man über politische Themen in einer Sprache, die das progressive Weltbild aktiviert, benutzt entsprechende Metaphern und andere sprachliche Konzepte. Das große Unglück in den USA ist: Die Demokraten verstehen diesen Mechanismus nicht. Die Konservativen hingegen verstehen ihn vollkommen. Und sie agieren seit Dekaden – genauer gesagt, seit 27 Jahren – auf diese Weise, sie richten ihre Sprache in der politischen Debatte danach aus.

Was passierte vor 27 Jahren?

Es begann mit der US-amerikanischen Präsidentschaftswahl von 1980, in der Ronald Reagan gegen Jimmy Carter antrat. Die Wahl ist als Meilenstein in die Geschichte konservativer politischer Kommunikation eingegangen.

5. Rationalismus, Rest in Peace: Warum wir Werte wählen

5.1 Das Reagan-Phänomen: Wie einer auszog, gegen politische Interessen zu gewinnen

Im Jahr 1980 schlug der konservative Präsidentschaftskandidat Ronald Reagan den amtierenden Präsidenten der USA, Jimmy Carter, und blieb acht Jahre lang im Amt. Was hatte Reagan von Politik verstanden, das den Demokraten verborgen geblieben war?

Nun, die Geschichte spielte sich so ab: Reagan hatte für seine Wahlkampagne Richard Wirthlin als Chefstrategen eingestellt. Wirthlin hatte an der *University of California*, Berkeley, in Wirtschaftswissenschaften promoviert und hatte einen exzellenten Ruf als Meinungsforscher. Und er hatte in seinem Studium einen unter Meinungsforschern weitverbreiteten Irrglauben gelernt: Menschen wählen einen Kandidaten wegen seiner Position zu bestimmten politischen Fragen.

Er führte damals also seine erste Umfrage über Reagan durch. Das Ergebnis war erschütternd: Die Leute hassten die politischen Positionen, die Reagan bezog. Und damit nicht genug: Sie wollten in der Wahl dennoch für Reagan stimmen.

Wirthlin war entgeistert – immerhin, er war Reagans Chefstratege –, denn er begriff nicht, warum um alles auf der Welt die Leute für seinen Kandidaten stimmen wollten! Und er sagte zu seinem Team: »Okay, ich habe keinen blassen Schimmer, was hier los ist. Aber lassen Sie mich versuchen, es herauszufinden.«

Er untersuchte das Entscheidungsverhalten der Wähler und fand Folgendes heraus: Die Menschen mochten den Präsidentschaftskandidaten Reagan, weil er hauptsächlich über Werte sprach und nicht über politische Programme. Er sprach über moralische Werte. Das gefiel ihnen, denn Sie hatten das Gefühl, er sei authentisch. Sie meinten, dass er an die Dinge glaube, die er sagte. Und wenn jemand über seine Werte spricht, und er wirkt authentisch, dann können Sie dem vertrauen, was er sagt. Also vertrauten sie ihm. Fassen wir zusammen: Reagan sprach über moralische Werte, wirkte authentisch und vertrauenswürdig. Und das Resultat war: Die Menschen identifizierten sich mit ihm.

Sie wollten ihn wählen, ungeachtet der Tatsache, dass sie seine Positionen zu den einzelnen politischen Fragen nicht teilten. Was tat Reagan, nachdem Wirthlin ihm die Ergebnisse seiner Untersuchung erläutert hatte? Er führte seine Kampagne nicht auf der Grundlage politischer Standpunkte, sondern auf der Grundlage dieser vier Faktoren: Werte, Vertrauen, Authentizität, Identität. Die politischen Programmpunkte standen nur noch symbolisch für die Werte, die er vertrat.

Und genau nach diesem Muster wurden auch die Präsidentschaftskampagnen von George W. Bush in den Jahren 2000 und 2004 aufgebaut. Eine Sache, die seine demokratischen Gegenspieler Al Gore und John Kerry nicht einmal ansatzweise durchschaut hatten. Sie bauten – gemäß der politischen Tradition – ihre Kampagnen auf Programmpunkten auf. Sie waren völlig blind gegenüber der Strategie der Republikaner. Sie hatten nichts gelernt.

Reagan hatte also begriffen, dass die Menschen nicht primär nach politischen Interessen, sondern nach moralischen Werten wählen. Aber was hat das mit Bi-Conceptualism zu tun?

Nun, nehmen wir als Beispiel die sogenannten Reagan-Demokraten. Man hatte erkannt, dass es viele Arbeiter gab, die zu Hause *strenge Väter* waren, aber in ihrer Gewerkschaft nach dem *Fürsorgliche-Eltern-*Modell agierten. Was tat Reagan? Er sprach über die Politik des Landes, indem er Metaphern aus der Familie gebrauchte. Und die Rechnung ging auf: Er brachte die Bi-Conceptuals dazu, in Form des *Strenger-Vater-*Modells, nach dem sie zu Hause in ihrer Familie lebten, über die Politik der Nation zu denken.

Ein Beispiel dafür, was es heißt, in Form von Metaphern der Familie über politische Wahlkampfthemen zu sprechen?

Nun, er übertrug zum Beispiel die Idee des Familienbudgets auf das nationale Budget: »Sie wissen, dass Sie Ihr Familienbudget ausgleichen müssen. Sie haben kein Geld, wenn Sie nicht Ihr Budget ausgleichen. Und genauso müssen wir das nationale Budget ausgleichen. Und um das zu tun, werden wir Sozialprogramme kürzen müssen.«

Sozialprogramme zu kürzen dürfte kaum mit den politischen Interessen der Arbeiter zu vereinbaren gewesen sein.

Um genau dieses Paradoxon geht es ja. Also noch einmal: Der Vater einer Arbeiterfamilie im mittleren Westen der USA hat ein objektives Interesse an Sozialprogrammen, die es zum Beispiel seinen Kindern ermöglichen, das College zu besuchen. Man stellt ihm zwei Parteiprogramme vor und fragt: »Wer vertritt deine Interessen in diesem Punkt besser, der demokratische Kandidat oder der republikanische Kandidat?« Er antwortet: »Der demokratische Kandidat!« – und gibt am Wahltag seine Stimme dem Republikaner. Warum? Weil wir in erster Linie nach moralischen Werten wählen und nicht nach politischem Eigeninteresse.

Wenn jemand also zu Hause nach dem konservativen Wertemodell lebt, seine Familie entsprechend strukturiert ist, er seine Kinder nach diesem Modell erzieht und so weiter, wenn er sich also mit den Werten und Prinzipien der konservativen Moral identifiziert – dann wird er den republikanischen Kandidaten wählen, und zwar entgegen seinen eigenen wirtschaftlichen Interessen. Und wenn Sie darüber nachdenken, dann würde es andernfalls auch keinen Sinn ergeben, dass gerade sozial benachteiligte Familien oftmals konservativ wählen, obwohl es ihrem materiellen Interesse widerspricht.

5.2 »Alle Mann zurück!«: Warum es keine politische Mitte gibt

Was unterscheidet Bi-Conceptuals von der politischen Mitte?

Welcher politischen Mitte?

Was meinen Sie?

Ich meine: welcher politischen Mitte? Es gibt keine politische Mitte.

Es kämpfen aber doch Parteien stets um Stimmen aus der politischen Mitte. Es gibt eine gängige Theorie darüber, wie man zusätzliche Wählerstimmen gewinnt: Man bewegt sich hin zur Mitte, behält die Stimmen der Basis und gewinnt diejenigen Wähler, die in der Mitte angesiedelt sind, dazu.

Nun, hier in den USA sind diesem Irrglauben nur die Progressiven aufgesessen. Die Konservativen hingegen bewegen sich nie »hin zur Mitte« – und haben so deutlich mehr Wähler gewinnen können.

Was stimmt dann nicht mit der politischen Mitte?

Sie ist eine Metapher, ein mentales Konzept zur gedanklichen Erfassung der Wählerschaft: Die Wähler reihen sich von *außen links* nach *außen rechts* auf. Beachten Sie die Frage: »Wo *stehst* du politisch?«, oder die Aussage: »Ich *bewege* mich politisch immer mehr nach *rechts*.«

Es gibt die Vorstellung, dass bestimmte Politikthemen mehr *linke* Themen seien, andere eher *rechte* Themen. Manche Menschen sind *linker* als andere, es gibt also einen Grad von *Linkssein* und *Rechtssein*, und zwar gemessen an den Einstellungen gegenüber bestimmten Themen. Wir kennen Phänomene wie *breite* politische Bündnisse oder *breite* Programmspektren. Die gedankliche Schlussfolgerung der Metapher ist: Wenn man sich als Linker nach rechts bewegt, dann bekommt man mehr Stimmen.

Leider ist es die falsche Art, über Wähler zu denken. Und die Konservativen in den USA haben das durchschaut. Sie bewegen sich nie nach links, um mehr Wählerstimmen zu bekommen. Der Grund ist einfach: Sie haben begriffen, dass es Bi-Conceptuals gibt und damit Wähler, die teilweise eine konservative Weltsicht vertreten.

Die Republikaner kennen das Prinzip des Bi-Conceptualism, während die Demokraten an der Metapher von der politischen Mitte festhalten?

Ja. Sie wissen, dass es Menschen gibt, die sich selbst als Progressive oder Unabhängige verstehen, aber sich dennoch in einigen Punkten mit konservativen moralischen Werten identifizieren. Die Republikaner wollen also diese Positionen in den Köpfen der Menschen aktivieren. Deshalb sprechen sie mit ihnen über genau diese Themen, die symbolisch sind für Werte der *Strenger-Vater*-Moral. Sie sprechen zu den Bi-Conceptuals – also der angenommenen »politischen Mitte« – genau so, wie sie zu der konservativen Basis sprechen. Sie aktivieren dadurch deren konservative Positionen und bringen sie dazu, die *Strenger-Vater*-Weltsicht zur Grundlage ihrer Wahlentscheidung zu machen.

Und die Demokraten verstehen das nicht.

Mir scheint, dass Progressive in den USA – metaphorisch gesprochen – in ihrer Argumentation immer mehr »nach rechts in die Mitte rücken«.

Was tun die Demokraten damit also nicht? Sie werben nicht für ihre eigene Weltanschauung, ihr progressives Wertemodell. Was tun sie stattdessen, indem sie sich »nach rechts« bewegen? Sie nehmen eine konservative Einstellung gegenüber politischen Fragen ein, übernehmen die Sprache der Konservativen und werben damit für die konservative Weltanschauung, indem sie diese in den Köpfen der Menschen aktivieren. Sie propagieren, ohne es zu merken, die moralischen Werte der Konservativen.

Und Menschen wählen nun einmal nach Werten – und nicht primär, wie die Progressiven es annehmen, nach politischem Interesse.

5.3 Rationalismus: Der Mythos vom vernünftigen Wähler

Was antworten Ihnen eigentlich die Menschen, denen Sie so leichfertig die Vernunft absprechen, ihre politischen Eigeninteressen zu verfolgen?

Sie erwähnen das Wort »Vernunft«? Dann lassen Sie uns über Rationalismus sprechen. Rationalismus stellt sich in der Politik als Problem dar.

Wie kann der Rationalismus, der doch Grundlage unserer demokratischen Ordnung ist, ein politisches Problem sein?

Er ist ein Problem, weil die Menschen glauben, dass die Theorie vom Rationalismus wahr sei. Sehen Sie, ein Großteil der Menschen, die in diesem Land in der Politik tätig sind, haben Fächer wie Politische Wissenschaften oder Rechtswissenschaften studiert. Und es wurde ihnen schon in der Einführungsvorlesung gesagt, dass die Ideale dieser Nation aus der Aufklärung entstanden seien.

Nun, die zentrale Idee der Aufklärung war der Rationalismus. Die Annahme also, dass jeder Mensch gleichermaßen rational sei. Weshalb sind wir alle gleich rational? Weil wir Menschen sind. Unser Verstand unterscheidet uns von allen anderen Lebewesen in der Welt, wir sind »rationale Lebewesen«. Das macht uns zu Menschen. Vernunft ist also Teil des menschlichen Wesens. Daher haben alle Menschen gleich viel Vernunft und können gleich denken.

Und weil alle Menschen rational denken können, sollten wir uns auch selber regieren können. Wir sollten nicht länger Könige oder

Päpste fragen müssen, was zu tun sei. Wir können ebenso rational denken wie sie und uns selbst regieren.

Und diese Annahme – dass wir alle gleichermaßen rational denken können – wollen Sie in Frage stellen?

Sehen Sie, es gibt eine Annahme über den menschlichen Verstand, die dem Rationalismus implizit ist und die bisher kaum öffentlich diskutiert wird. Ich habe das zu Beginn unseres Gesprächs bereits erwähnt.

Und diese Annahme besagt erstens: Denken ist bewusst. Nun, wir wissen aus der kognitiven Wissenschaft, dass Denken zum allergrößten Teil unbewusst ist. Zweitens: Denken ist buchstäblich. Es bildet die Welt an sich ab. Das würde bedeuten, dass es Dinge wie Metaphern und andere mentale Strukturen nicht geben kann. Und drittens: Denken ist universell. Jeder hat den gleichen Verstand und denkt auf die gleiche Weise. Und daher kann es weder individuell noch kulturell geprägte Weltanschauungen geben, die sich auf unser Denken auswirken.

Diese drei Annahmen über den menschlichen Verstand wohnen dem Rationalismusgedanken inne. Und sie sind alle wissenschaftlich widerlegt. Die kognitive Wissenschaft hat gezeigt, dass sie schlichtweg falsch sind. Rationalismus ist ein Mythos.

5.4 Fakten, Fakten, Fakten ... und warum ihnen der Weg in unser Gehirn verschlossen bleibt

Nun gut, aber an welcher Stelle wird die Annahme, der Mensch denke rational, zu einem Problem der politischen Kommunikation – welche falschen Schlussfolgerungen ziehen die Progressiven in den USA, und wie wirkt sich das auf ihre politischen Strategien aus?

Überlegen Sie einmal, was der Rationalismus für politische Meinungsumfragen bedeutet. Er besagt, dass Denken bewusst ist und mit Ihrem Eigeninteresse zu tun hat. Also sollten Menschen auf der Grundlage ihrer Interessen wählen.

Und die Progressiven in den USA machen den Fehler, dass sie an den vernünftigen Wähler glauben. Sie denken, dass es möglich sei, in einer Meinungserhebung jemanden zu fragen: »Welches sind die wichtigsten Punkte für Sie?« Er würde es ihnen sagen können. Und Politiker könnten dann ihre Programme so gestalten, dass diese Punkte berücksichtigt würden. Der rationale Wähler wird, so die Fehlannahme, diejenige Partei wählen, die seine wichtigsten Interessen vertritt.

Der einzig denkbare Grund dafür, dass ein Wähler eine gegen seine eigenen Interessen gerichtete Wahlentscheidung trifft, wäre: Er hat nicht die richtigen Informationen! Die angenommene Lösung: Wenn man nur die richtigen Informationen über die Medien verbreitet, dann wird der rationale Wähler auch die richtigen Schlüsse ziehen und gemäß seinen politischen Interessen wählen.

Vom Rationalismus auszugehen führt also zu folgender Fehlannahme über politische Kommunikation: Wenn man es nur schaffen würde, der Öffentlichkeit alle Fakten zugänglich zu machen, dann würden die Menschen durch rationales Denken und gemäß ihren politischen Interessen die richtige Partei wählen?

Richtig. Wer die Fakten kennt, der wird entsprechend wählen. Vollkommen falsch! Weshalb? Weil ein Gutteil unseres Denkens unbewusst abläuft und weil wir in Metaphern und anderen mentalen Konzepten denken, die eben nicht buchstäblich auf die Welt zutreffen. Aber die Progressiven in den USA agieren in ihrer politischen Kommunikation nach dem Motto: »The facts will set you free.« Während die Konservativen moralische Werte kommunizieren, bemühen sich die Progressiven ständig, Fakten in die öffentliche Debatte zu bringen.

Wenn man Ihnen so zuhört, könnte man meinen, politische Fakten seien im Zeitalter der Gehirnforschung überflüssig geworden. Ich sehe noch nicht, worin sich die Hinfälligkeit von Fakten in der Politik begründet.

Sie missverstehen mich. Fakten sind in der Politik keinesfalls überflüssig. Doch man muss verstehen, an welcher Stelle sie etwas nützen. Sie nützen nur dort, wo sie in mentale Strukturen passen, die bereits in Ihrem Gehirn vorhanden sind. Weshalb? Weil wir mittlerweile wissen, dass Fakten unter bestimmten Bedingungen im Gehirn des Menschen abprallen. Informationen, die im Widerspruch zu ihren gedanklichen Frames, ihren Deutungsrahmen, stehen, werden ignoriert. Sie haben – bildhaft gesprochen – keinen ihnen zugesprochenen

Platz im Gehirn. Das ist eine der wichtigsten Erkenntnisse kognitiver Wissenschaft. Unsere Studenten hier an der *University of California*, Berkeley, bekommen einen Satz immer wieder zu hören: »Frames übertrumpfen Fakten!«

6. Politisches Framing: »Wert-volle« Worte

6.1 Das ignorante Gehirn: Fakten und Frames

Im Januar 2006 berichtete die New York Times *unter dem Titel* Schocker! Parteiliches Denken ist unbewusst![8] *über ein erstaunliches Experiment: Man hatte 30 Männern – teils erklärten Demokraten, teils erklärten Republikanern – Aussagen von John Kerry und George W. Bush vorgespielt, die jeweils in sich widersprüchlich waren – beide Politiker logen. Und während die Probanden sofort erkannten, dass der Gegenkandidat log, nahmen sie nicht wahr, dass »ihr« Kandidat ebenfalls log.*

Nun, was die *New York Times* im Jahre 2006 als »Schocker« bezeichnete, ist nicht wirklich neu. Wir wissen seit über 30 Jahren: Menschen denken in Form von Frames. Jedes Mal, wenn wir denken – irgendetwas denken –, wird in unserem Gehirn ein Frame aktiviert. Frames sind Deutungsrahmen, die unser Wissen strukturieren und den Informationen einen Sinn zuordnen.

Es gibt zwei Arten von Frames: »Surface Frames«, durch die wir die Bedeutung einzelner Worte und Sätze erfassen, also Frames auf der sprachlichen Ebene, und »Deep Seated Frames«. Deep Seated Frames sind in unserem Gehirn tiefverankerte Frames, die unser generelles Verständnis von der Welt strukturieren, unsere Annahmen von der Welt zum Beispiel auf Grund unserer moralischen und politischen Prinzipien, und die für uns schlicht »wahr« sind – die also unseren eigenen Common Sense ausmachen.

Fakten, die unserem Common Sense widersprechen, prallen an den im Gehirn tiefverankerten Frames ab. Wenn wir Fakten lesen oder hören, die im Widerspruch zu dem stehen, was unser Common Sense uns sagt, werden die Fakten ignoriert, und die Frames bleiben bestehen. Wir haben keinen Einfluss darauf, es ist ein physischer Automatismus, ein Teil der uns nicht bewussten Denkprozesse unseres Gehirns. Ob ein Fakt also für uns in dem Sinne relevant ist oder nicht, dass wir ihn überhaupt zur Kenntnis nehmen, entscheiden wir nicht bewusst.

---

8 A Shocker. Partisan Thought is Unconscious. *New York Times*, 24.1.2006.

Und deshalb ist es überhaupt nicht verwunderlich, wenn die Probanden nicht wahrnahmen, dass auch ihr eigener Kandidat log – es passte nicht in ihre Deep Seated Frames.

Können wir nicht auch unabhängig von Frames – sozusagen außerhalb von Deutungsrahmen – denken?

Unmöglich. Wir begreifen Dinge, indem wir sie neuronal simulieren. Denken schließt also immer Imagination ein. Ich sage Ihnen: »John trank ein Glas Wasser.« Wenn Sie sich »ein Glas Wasser trinken« nicht vorstellen können, bleibt dieser Satz für Sie bedeutungslos. Um diesen Satz verstehen zu können, müssen Sie im Gehirn eine Vorstellung haben von einem Glas, von Wasser, jemandem, der es hochnimmt und trinkt. All das ist erforderlich, soll die Bedeutung dieses Satzes verstanden werden.

Sie denken also immer innerhalb solcher Deutungsrahmen, den Frames.

Wenn Sie von »neuronaler Simulation« sprechen, vermute ich, dass Frames ebenso wie Metaphern physisch in den Synapsen unseres Gehirns vorhanden sind.

Das ist richtig. Wenn wir zum Beispiel ein Wort oder einen Satz immer wieder hören, werden diejenigen neuronalen Schaltkreise, die seine Bedeutung »errechnen«, entsprechend häufig aktiviert. Und indem die Neuronen immer wieder in diesen Schaltkreisen feuern, werden die Synapsen stärker, und die Schaltkreise verfestigen sich.

Und in dem Maße, in dem sich ein Frame über lange Zeit hinweg auf diese Weise im Gehirn verfestigt, wird die Idee zum festen Bestandteil unseres eben erwähnten Common Sense. Und wenn Menschen erst einmal in diesen Deep Seated Frames denken, prallen die nicht in diese Frames passenden Fakten einfach ab.

Wenn Fakten nicht die Macht haben, unsere bestehenden Ideen von der Welt zu verändern, was kann uns denn dann noch veranlassen umzudenken?

Ein Denken innerhalb alternativer Frames, die diesen Informationen, die andernfalls ignoriert würden, eine Bedeutung verleihen.

Moment – dann ist es nicht möglich, unserem Common Sense widersprechende Fakten aufzunehmen, aber es ist möglich, in Frames zu denken, die sich widersprechen?

Sicherlich. Wir haben in unserem Gehirn Frames, die sich widersprechen. Nur können wir sie nie simultan aktivieren.

6.2 Der Hund, der auch ein Mann ist, aber nie beides: Frames bestimmen, was wir sehen

Weshalb nicht?

Es ist physisch nicht möglich. Wenn der eine Frame aktiviert ist, wird der entgegenstehende Frame automatisch unterdrückt – er wird im Gehirn geblockt.

Es gibt ein klassisches Beispiel dafür: Ich zeichne einen dreidimensionalen Würfel, indem ich zwei Quadrate etwas schräg hintereinandersetze und ihre Ecken durch Linien verbinde. Schauen Sie, ungefähr so. Wenn wir nun diesen Würfel ansehen, können wir ihn auf zweierlei Weise wahrnehmen: Wir können entweder das untere Quadrat oder das obere Quadrat als die vordere Fläche des Würfels begreifen – und erhalten zwei unterschiedlich liegende Würfel. Das Faszinierende an der Sache ist: Wir können zwischen beiden Versionen »springen«, wir können den Würfel aber nie gleichzeitig in beiden Positionen wahrnehmen. Unser Gehirn braucht immer eine kurze Umschaltphase, während deren es den einen Frame aktiviert und den anderen blockiert.

Ein wunderbar einfaches Beispiel dafür, wie die Frames, in denen wir denken, unsere Wahrnehmung bestimmen.

Wenn wir uns jetzt meinen Würfel anschauen, sehen Sie vielleicht gerade einen eher liegenden Würfel, ich hingegen einen eher stehenden Würfel!

Das erinnert an »unmögliche Figuren« des niederländischen Künstlers Maurits Cornelis Escher: Er fertigte Holzschnitte oder Lithografien an, auf denen Bauten zu sehen sind, die auf den ersten Blick normal erscheinen, sich aber auf den zweiten Blick als architektonisch unmöglich erweisen – weil die Konstruktion in sich widersprüchlich ist. Man kann entweder den einen oder den anderen Teil der Konstruktion nachvollziehen, nie aber beide Teile zugleich.

Ja, man muss immer gedanklich umschalten. Es gibt viele solcher »optischen Täuschungen«, die ja in Wirklichkeit gar keine Täuschungen sind. Es gibt zum Beispiel ein Bild, das den Kopf eines Mannes und zugleich einen Hund darstellt. Beides ist im Bild vorhanden, doch weil es sich widerspricht – ein Menschenkopf kann nicht zugleich auch ein Hund sein –, können wir es nie zeitgleich sehen. Wir wissen genau, dass beides im Bild steckt, und trotzdem können wir immer nur einen Frame zur gleichen Zeit aktivieren: *Mann* oder *Hund.*

Lassen Sie mich noch einmal Ihre Frage aufgreifen, ob wir auch ohne Frames denken können: Stellen Sie sich jemanden vor, der noch nie einen Hund gesehen hat, also nicht über einen entsprechenden Frame verfügt – er wird den Hund im Bild mit noch so viel Anstrengung nicht erkennen können.

Dann hat umdenken mit »umschalten« im wahrsten Sinn des Wortes zu tun?

Genau. Wir haben grundsätzlich unterschiedliche, auch sich widersprechende Frames zur Verfügung. Die Frage, ob ein Fakt abprallt, hängt davon ab, welcher Frame aktiviert ist. Ist es ein Frame, zu dem der Fakt passt, wird er verarbeitet. Ist es ein Frame, zu dem der Fakt nicht passt, prallt er ab. Da wir aber grundsätzlich die Möglichkeit haben umzuschalten, kann unser Gehirn einen anderen Frame aktivieren, in dem der Fakt durchaus Sinn ergibt.

6.3 »Denkt nicht an einen Elefanten!«: Sprachliches Negieren von Frames

Ihr am meisten beachtetes Buch über sprachliche Frames in der US-Politikdebatte trägt den Titel Don't Think of an Elephant[9]. *Dieser Titel hat zu erheblichen Missverständnissen geführt, denn in den USA steht der Elefant als Sinnbild für die Republikaner. Offensichtlich wurde beim Leserpublikum ein Frame erweckt, den zu erwecken Sie gar nicht beabsichtigt hatten. In*

9 G. Lakoff (2004): Don't Think of an Elephant! Know Your Values and Frame the Debate. The Essential Guide for Progressives. White River Junction, VT (Chelsea Green).

Deutschland wird für das in Ihrem Buch beschriebene Phänomen ein rosa Elefant bemüht.

Was verbirgt sich dahinter?

Tatsächlich hat man diesen Titel oft fälschlicherweise als Bezugnahme auf die konservative Partei in den USA verstanden. Nun, der Titel hat einen gänzlich anderen Ursprung. Wenn ich an der Universität eine Einführung in die kognitive Wissenschaft gebe, dann betrete ich am ersten Unterrichtstag im neuen Semester den Seminarraum, stelle mich vor meine Studenten und sage: »Seid ruhig, Leute, hört zu. Ich möchte, dass ihr jetzt genau das tut, was ich euch sage. Seid ihr so weit? Okay, los geht's: Denkt nicht an einen Elefanten!«

Ich habe noch nie einen Studenten erlebt, der es geschafft hätte, diese Anweisung zu befolgen. Menschen können nämlich nicht »nicht denken«. Ein Wort zu negieren bedeutet immer, den Frame zu aktivieren, der dem Wort seine Bedeutung zuschreibt. Wenn ich also sage: »Denkt nicht an einen Elefanten!«, dann wird in den Köpfen meiner Studenten der Frame aufgerufen, der ihr Wissen über einen Elefanten strukturiert: ein graues Tier, ziemlich groß, mit vier Beinen, großen Schlappohren und einem Rüssel.

Eine Idee sprachlich zu negieren bedeutet – immer –, sie im Gehirn des Hörers zu aktivieren.

Und die sprachlich negierte Idee gewinnt in den Köpfen der Hörer an Bedeutung, denn einen Frame zu aktivieren heißt, ihn im Gehirn zu festigen.

So ist es. Wenn es tatsächlich meine Absicht wäre, meine Schüler keinesfalls an einen Elefanten denken zu lassen, und ich sage: »Denkt nicht an einen Elefanten!« – dann habe ich die Klasse nicht nur dazu gebracht, in diesem Moment an einen Elefanten zu denken, sondern darüber hinaus dem Frame *Elefant* in ihren Köpfen zu mehr Geltung verholfen.

Stellen Sie sich vor, ich begänne nun jeden Tag des Semesters meinen Unterricht in dieser Klasse mit der Anweisung: »Denkt nicht an einen Elefanten!«, dann hätten sich am Ende des Halbjahres die Köpfe meiner Studenten verändert, der Frame *Elefant* wäre physisch gestärkt. Nun, zugegeben, ein ziemlich unsinniges Unterfangen!

Was bedeuten diese Erkenntnisse für die politische Sprache?

Lassen Sie mich zunächst noch einmal zusammenfassen: Jedes Wort, das wir hören, aktiviert einen Frame. Jedes Verneinen aktiviert den Frame. Einen Frame zu erwecken bedeutet, ihn physisch zu stärken. Was sich physisch nachhaltig in unserem Gehirn verfestigt hat, ist unser Common Sense, unser Verständnis der Dinge, das wir nicht mehr hinterfragen – unser kognitives Unbewusstes. Wir können nicht simultan in zwei gegensätzlichen Frames denken, und Fakten, die nicht in unsere Frames passen, prallen ab.

Nun, die Bedeutung dieser Erkenntnisse für die politische Sprache kann gar nicht hoch genug eingeschätzt werden.

Lassen Sie es mich am Beispiel der politischen Debatte in den USA illustrieren. Die Konservativen in den USA wissen von der Bedeutung von Frames und sprechen deshalb immer in solchen Begriffen, mit denen sie beim Hörer die von ihnen erwünschten Frames aufrufen. Die Progressiven haben es bis heute nicht gelernt, sie benutzen ständig die sprachlichen Frames der Konservativen. Die öffentliche Debatte in den USA wird zur Zeit in erster Linie von den Frames der Konservativen bestimmt.

Die Konservativen unterhalten landesweit über 40 politische Think Tanks, also »Denkfabriken«. Sie haben Milliarden von Dollar investiert, um ihre politische Ideologie auszuarbeiten und sie in Sprache umsetzen. Und das seit 1971.

Was geschah 1971?

Lewis Powell sprach in einem Memo für die Handelskammer sinngemäß davon, dass die besten Nachwuchskräfte des Landes unter dem Eindruck des Vietnamkrieges eine »Anti-business«-Haltung entwickelten und dringend etwas dagegen getan werden müsse.

Im Jahr 1973 wurde dann die *Heritage Foundation* in Washington, DC, errichtet, eine der einflussreichsten Denkfabriken der Konservativen.

Heute verfügen die Konservativen über Fernsehsender wie *FOX*. Zudem beschäftigen sie Agenturen, die dafür sorgen, dass konservative Intellektuelle als externe Experten in Fernsehsendungen auftreten. 80 Prozent der *talking heads* im TV kommen aus konservativen Denkfabriken. 80 Prozent!

Konservative haben schon vor langer Zeit begriffen, durch welche Werte sie vereint sind, und haben konsequent daran gearbeitet, eine ihren Werten entsprechende Sprache zu schaffen und sie über die Medien zu verbreiten. Sie haben herausgefunden, wie politisches Framing funktioniert, und setzen ihre Erkenntnisse stringent um – und das, wohlgemerkt, seit über 30 Jahren.

Sie haben immer wieder sprachliche Frames geschaffen, die einem politischen Denken im Sinne ihrer konservativen Werteordnung entsprechen. Und diese – sprachlichen – Surface Frames passen genau in die festverankerten Deep Seated Frames konservativer Moral und konservativer Weltsicht und stärken sie in den Köpfen der Menschen.

Nun, und wenn Menschen erst einmal in diesen Deep Seated Frames denken, prallen nicht in diese Frames passende Fakten einfach ab. Die Rechnung der Progressiven: »The facts will set you free«, geht nicht auf.

Haben Fakten dann überhaupt noch eine Bedeutung?

Fakten sind ausschlaggebend! Fakten an sich haben aber keine Moral. Wir müssen uns bewusstmachen, was Fakten mit moralischen und politischen Prinzipien zu tun haben. Es sind immer politische Werte, die bestimmten Fakten eine spezifische Bedeutung beimessen. Nun, die Frames der Konservativen beziehen diejenigen Fakten ein, die aus der konservativen Weltsicht heraus wichtig sind. Und wenn ein konservativer Frame bestimmte Fakten nicht berücksichtigt, dann deshalb, weil sie aus konservativer Weltsicht moralisch unbedeutsam sind.

Und solche Fakten, die im Frame eines politischen Gegners keine Berücksichtigung finden, sind als Gegenargumente völlig ungeeignet – sie prallen an ihm ab.

Will man also solchen Fakten in der öffentlichen Debatte die aus eigener Sicht angemessene Geltung verschaffen, muss man einen Frame erwecken, in dem diese Fakten bedeutsam sind. Und dazu benötigt man entsprechende sprachliche Frames.

Man muss Fakten den richtigen gedanklichen Rahmen geben.

6.4 Lastende Steuern: Der konservative Frame von der »Steuererleichterung«

Ein Beispiel für solch ein Framing der politischen Debatte?

Denken Sie an die Bezeichnung »Tax Relief«, also »Steuererleichterung« – das ist ein sprachlicher Frame, der einem Denken im Sinne konservativer *Strenger-Vater*-Moral entspringt. Von dem Tag an, an dem George W. Bush das Präsidentenamt übernahm, tauchte der Begriff »Steuererleichterung« in den Reden konservativer Politiker, den konservativen Medien und den Pressemitteilungen des Weißen Hauses auf. Nun, schauen wir uns einmal an, welche unbewussten gedanklichen Schlussfolgerungen dieser Frame beinhaltet.

Das Wort »Erleichterung« erweckt einen Frame, in dem es eine unschuldige Person gibt, die eine Last tragen muss und dadurch in Bedrängnis gerät. Die Last ist ihr von außen auferlegt worden. Man kann die Person von der Last befreien. Indem man das tut, erlöst man die Person.

Nun, die bedrängten Personen sind die Steuerzahler. Der Staat bürdet ihnen eine Last auf, Steuern. Derjenige, der für Steuererleichterung ist, ist jemand, der den Bürgern etwas Gutes tun und sie von ihrer Last befreien will. Er verdient ihren Dank.

Sooft wir das Wort »Steuererleichterung« hören, wird dieser Frame aktiviert und mit der Zeit Teil unseres politischen Common Sense: Steuern sind eine Last, und die konservative Partei ist diejenige, die uns heldenhaft von dieser Last befreien will.

Im Umkehrschluss werden die Progressiven zu denen, die den Bürger durch Steuern belasten, ihm also schaden.

Aber inwiefern hat dieser sprachliche Surface Frame mit den tiefliegenden gedanklichen Deep Seated Frames der konservativen Moralvorstellungen zu tun?

Er hat mit einer durch Wettbewerb strukturierten Gesellschaft zu tun und mit der Idee ökonomischer Belohnung und Bestrafung. Hohe Steuern sind eine unmoralische Bestrafung derjenigen, die selbstdiszipliniert ihr Eigenwohl verfolgen. Jeder soll das bekommen, was er verdient. Steuern werden im Denken der *Strenger-Vater*-Moral als Strafe begriffen. Dieser Frame blendet die Tatsache aus, dass die wohlhabenden Menschen in unserer Gesellschaft zu einem großen Teil das gemeinsame Vermögen der Gesellschaft nutzen, um ihren Wohlstand zu begründen und zu mehren.

Nun, jedes Mal, wenn ein progressiver Politiker oder Journalist das Wort »Steuererleichterung« verwendet, wird dieser tiefliegende Frame in den Köpfen der Hörer gestärkt, selbst dann, wenn er sagt: »Ich bin gegen Steuererleichterung.«

Was wäre ein alternativer Frame, der auf den Werten der Fürsorgliche-Eltern-*Moral basiert?*

Nun, die Progressiven sollten in solchen Frames über Steuern sprechen, denen das Denken im Sinne des »Commonwealth-Prinzips« zu Grunde liegt. Sie müssen die Idee enthalten, dass wir das gemeinsame Vermögen für unser gemeinsames Wohl nutzen, dass unser aller individuelle Träume und Ziele erheblich von diesem gemeinsamen Vermögen abhängen. Und dass diejenigen, die unsere Infrastruktur in besonderem Maße für ihre Geschäfte nutzen, entsprechende Steuern zahlen müssen. Man kann Frames schaffen, in denen Steuern nicht als Abgabe unseres privaten Vermögens an den Staat begriffen werden, sondern als Rückerstattung dessen, was die Gesellschaft uns im Vorwege zur Verfügung gestellt hat. Dann lautet die Frage: Zahlen wir unsere Anteile, oder versuchen wir auf Kosten der Gemeinschaft, etwas umsonst zu bekommen?

Sprachliche Frames, die auf diesem Denken gründen, legen auf eine ganz andere Weise fest, worum es bei der Frage nach Steuerzahlung eigentlich geht.

6.5 Worüber debattieren wir eigentlich? Issue Defining Frames

Legen Frames also fest, worüber wir »eigentlich« debattieren, wenn wir über Steuern reden?

Genau, sie legen fest, um welche politische Frage es überhaupt geht, sogenannte Issue Defining Frames definieren die politischen Themen. Ein einzelnes Wort bestimmt den Gegenstand der politischen Debatte – und setzt einen Rahmen für die Fakten und Argumente, die in dieser Diskussion relevant sind.

Lassen Sie mich ein Beispiel nennen. Für das Thema Immigration und die damit einhergehenden Probleme in den USA kann man unterschiedliche sprachliche Frames nutzen, um das politische Anliegen zu definieren. Wenn man sagt: »Illegale Immigration«, dann sind die Immigranten das Problem, die sich illegal im Land aufhalten. Man könnte aber auch sagen: »Illegale Beschäftigung«, dann sind die US-amerikanischen Arbeitgeber das Problem, die Immigranten illegal beschäftigen.

Ein anderes Beispiel ist das Gesetz zur Überwachung US-amerikanischer Bürger im Namen der nationalen Sicherheit. Als die Bush-Administration den Gesetzesentwurf erstmals vorstellte, nannte sie ihn »Terrorist Surveillance Program«, also »Terroristenüberwachungsprogramm«. Nun, hätte sich dieser Frame durchgesetzt, hätten die Gegner des Programms ein Problem gehabt. Auf Grund dieses Frames hätten sie sich gegen die Überwachung von Terroristen aussprechen müssen – ein schwerer Stand!

Die Bezeichnung, die sich durchsetzte, lautete »Domestic Surveillance Program«, also »Heimisches Überwachungsprogramm«. Das ist ein vollkommen anderer Frame, der das Thema der Debatte entsprechend anders definiert. Nach diesem Frame geht es um die persönliche Freiheit jedes einzelnen US-amerikanischen Bürgers! Darf der Präsident der USA die Bürger ausspionieren? Darf er in unsere Privatsphäre eindringen, sich unserer intimsten Daten bemächtigen und sie gegen uns verwenden? Eine Verletzung unserer Privatsphäre ist wie ein Einbruch in unser Haus. Nach der Verfassung sind unsere persönliche Freiheit und unsere Privatsphäre geschützt. Nun, all diese Argumente ergeben nur Sinn vor dem Hintergrund des entsprechenden Frames, wenn also das Thema der Debatte als »Heimische Überwachung« und nicht als »Terroristenüberwachung« definiert ist.

Wie verhält es sich mit dem Begriff »Pro-Life«, der fester Bestandteil der Abtreibungsdebatte in den USA ist?

Es ist ein Frame der konservativen Abtreibungsgegner. Und aus ihrer Sicht ist es ein hervorragender Frame, denn er führt zu einer Reihe unbewusster gedanklicher Schlussfolgerungen: Wer eine entgegengesetzte Meinung hat, der ist »Anti-Life«, also nicht für, sondern gegen das Leben. Oder, und das ist die zweite Möglichkeit, wer nicht »Pro-Life« ist, der ist »Pro-Death«, also für den Tod. Nach der Definition dieses Frames geht es also um die Frage nach Leben oder Tod.

Ein progressiver Frame könnte definieren, dass es in der Abtreibungsdebatte um die Frage nach persönlicher Freiheit geht: Darf der Staat über den Körper der Frau bestimmen, oder wird damit nicht ein unverletzliches Menschenrecht, auch der Frauen, verletzt? Mit einem solchen Frame würden das Thema, um das es geht, und damit die zu diskutierenden moralischen Werte vollkommen anders definiert. Aber man muss in diesem Frame sprechen, damit Menschen die Abtreibungsfrage auf Grund progressiver Werte diskutieren und entscheiden können.

6.6 Werte, von denen man wissen muss: Konservativer und progressiver Common Sense

Damit erklärt sich, wie sprachliches Framing einzelnen politischen Positionen in der öffentlichen Debatte zur Geltung verhilft. Aber wie argumentieren die Progressiven in den USA nun auf lange Sicht so, dass ein progressiver politischer Common Sense als gedankliche Alternative zum konservativen politischen Common Sense entsteht?

Jedes einzelne politische Argument muss mit moralischen und politischen Prinzipien beginnen. Die Frage ist immer: Um welche Werte geht es bei dieser politischen Frage? Was halten wir in diesem Fall für moralische Politik?

Man muss also, um als Progressiver erfolgreich politisch zu kommunizieren, die Deep Seated Frames der progressiven Weltsicht nutzen, um über verschiedene politische Themenfelder hinweg zu argumentieren. Jede einzelne politische Position steht immer nur symbolisch für unsere tiefliegenden moralischen Werte.

Nun, die Progressiven in den USA machen oft den Fehler, dass sie eine politische Position als Wert an sich begreifen. Sie sagen: »Unsere Werte sind Umweltschutz, staatliche Krankenfürsorge und Sozialprogramme.«

Und sie begreifen nicht, dass diese vereinzelten politischen Positionen in einer tieferliegenden Weltsicht wurzeln, dem *Fürsorgliche-Eltern*-Modell mit den zentralen Werten »Empathie« und »Verantwortung«. Diese progressiven Werte machen Umweltschutz, staatliche Krankenfürsorge und Sozialprogramme erst zu politischen Anliegen.

Wenn Sie politische Zustimmung gewinnen wollen, müssen Sie über Werte sprechen. Denn das ist es, worin sich Parteien unterscheiden: in ihren moralischen Werten. Und in Werten können sich Wähler mit Parteien identifizieren.

Einfach ausgedrückt: Es genügt nicht, den Menschen zu sagen, welche Politik man betreiben möchte – man muss ihnen sagen, weshalb diese Politik eine moralische Notwendigkeit ist.

Richtig. Und wenn Sie einmal die Deep Seated Frames etabliert haben, ist es leichter, sprachliche Frames beispielsweise in Form politischer Slogans zu finden.

Es gab vor Kurzem einen Slogan der Progressiven, der lautete: »America can do better.« Falsch, ganz falsch: Erstens steht der Frame nicht für progressive Werte, und zweitens beinhaltet das Wort »besser«, dass es bereits gut läuft.

Gute politische Slogans zu finden ist dann ein Kinderspiel, wenn man erst einmal die Deep Seated Frames in den Köpfen der Menschen etabliert hat: das Denken über Politik im Sinne der eigenen Weltsicht. Aber das passiert nicht über Nacht!

Im Gegensatz zu den Progressiven wissen die Konservativen in den USA genau, was sie tun, und sie tun es selbstverständlich im Sinne ihrer politischen Ziele. Sie haben Unmengen von Geld und Arbeit investiert – mit dem zu erwartenden Erfolg. Sie haben heute unglaublich gute Slogans. Perfekt. Sie sind einfach richtig, richtig gut. Sie haben erfolgreich über Jahrzehnte hinweg gedankliche Frames im Sinne *Strenger-Vater*-Moral in den Köpfen der Menschen etabliert. Und jetzt können sie eine politische Sprache benutzen, die sofort die tiefliegenden Frames der *strengen* Weltsicht aktiviert – mit allen gedanklichen Schlussfolgerungen.

Was das Framing der politischen Debatte in den USA angeht, haben die Progressiven also einen erheblichen Nachholbedarf.

Und ein Re-Framing der Debatte im Sinne progressiver Werte ist ein langwieriger Prozess. Gehen wir einmal davon aus, die Demokraten gewännen die Präsidentschaftswahl 2008. Damit wäre eine Wahl gewonnen – aber das politische Denken der Nation würde sich damit nicht schlagartig ändern. Um progressiven Idealen in den USA auf lange Sicht wieder zu mehr Geltung zu verhelfen und sie zu US-amerikanischen Werten zu machen, müssen die Progressiven sich – so wie es die Konservativen getan haben – organisieren. Sie müssen über Jahrzehnte hinweg daran arbeiten, die richtige Sprache zu finden, und zwar unabhängig davon, ob sie gerade den Präsidenten oder die Präsidentin stellen.

Man wird einen erklärten Konservativen kaum durch das richtige politische Framing zu einem erklärten Progressiven machen können.

Bedenken Sie, dass wir *alle* die *strenge* und die *fürsorgliche* Familienmoral zumindest kennen. Einige Menschen benutzen zwar ein und dieselbe Metapher in allen Bereichen ihres Lebens und wenden sie auch auf die Politik an. Aber es gibt die Bi-Conceptuals! Gut ein Drittel der Wähler in den USA sind offen dafür, zwischen beiden Weltsichten zu wechseln. Es ist also wichtig, welche sprachlichen Frames man ihnen anbietet, in denen sie über Politik denken können.

Man kann eine politische Situation in einem konservativen *Strenger-Vater*-Frame oder in einem progressiven *Fürsorgliche-Eltern*-Frame wahrnehmen. Wenn beide sich widersprechen, dann kann das Gehirn sie nicht simultan aktivieren. Es wird immer ein Frame für den anderen geopfert.

Welcher Frame aber aktiviert und welcher geblockt wird, hängt mit dem Sprachgebrauch in der öffentlichen Debatte zusammen: Wird die angenommene »politische Mitte« in einem konservativen oder in einem progressiven Frame über die Politik denken? Damit die jeweilige Weltsicht überhaupt aktiviert werden kann, müssen entsprechende Deep Seated Frames vorhanden sein. Und dann ist die Rechnung sehr einfach: Wer die sprachlichen Frames in der Debatte bestimmt, gewinnt die Debatte meist auch.

6.7 Das manipulierte Gehirn: Propaganda, politischer Spin und ehrliches Framing

Indem wir die Debatte framen, manipulieren wir also die Gehirne der Menschen. Das klingt nach einer durch die Erkenntnisse der Gehirnforschung begünstigten Form von Propaganda.

Die Sache ist differenzierter zu sehen. Wann immer wir kommunizieren, benutzen wir dazu Frames. Wir können nur in Frames denken und sprechen – unabhängig von den Absichten, die wir damit verfolgen. Wenn wir in der Politik aufrichtig unsere Werte und politischen Moralvorstellungen kommunizieren wollen, benötigen wir ganz einfach dazu entsprechende politische Frames.

Aber genauso bedient sich die Propaganda eines gezielten Framings.

Aber sicher! Nur, in der Propaganda werden Frames zur Manipulation eingesetzt – man benutzt bestimmte Frames, um behauptete Gegebenheiten, von denen man weiß, dass sie nicht wahr sind, der Öffentlichkeit als Wahrheiten zu verkaufen und auf diese Weise politische Kontrolle zu gewinnen.

Und Frames werden in der Propaganda mit großem Erfolg genutzt, denn sie sind ein höchst effektives Instrument gedanklicher Manipulation durch Sprache. Ich denke, wir sind uns einig, dass es verwerflich ist, sprachliches Framing auf diese Weise zu instrumentalisieren. Aber es passiert ständig. Und wenn wir wissen, welche Auswirkungen sprachliche Frames auf unser Gehirn haben, dann erkennen wir auch, weshalb Propaganda ebenso effektiv wie gefährlich ist: Sie kann unsere Gehirne – physisch – verändern und einen Common Sense herbeiführen, der mit politischen Realitäten nicht mehr übereinstimmt.

Dann ist politisches Framing eher ein Geschwisterkind des politischen Spin, während Propaganda eine entfernte Verwandte ist?

Nein, denn politischer Spin bedient sich der Frames in dem Versuch, eine blamable politische Handlung oder Aussage als normal oder unerheblich erscheinen zu lassen.

Dennoch, die Grenzen zwischen politischem Framing, Propaganda und politischem Spin scheinen recht fließend zu sein.

Überhaupt nicht. Sehen Sie, wenn George W. Bush über Steuern spricht und dabei den Frame *Steuererleichterung* benutzt, dann ist das kein Versuch, die Öffentlichkeit zu manipulieren. Er benutzt nur eine Sprache, die seiner moralischen Weltsicht, seinem politischen Common Sense, gerecht wird. Er spricht in Surface Frames, die zu seinen Deep Seated Frames passen. Nach seiner Auffassung sind Steuern eine Last, von der die Bürger erleichtert werden sollten. Er benutzt einen Frame, der seiner Weltsicht entspricht, und das ist völlig legitim. Und Progressive sollten von ihm lernen und beginnen, in Frames zu sprechen, die ihrer eigenen Weltsicht entsprechen.

Im Jahre 1970 beschloss die US-amerikanische Regierung, Industriekonzernen zu erlauben, bestimmte Mengen an Schadstoffen legal in die Atmosphäre zu entsorgen. Der Name des Entscheides lautete Clean Air Act. *Später warben konservative Politiker unter der Bezeichnung* Clear Skies Initiative *für eine Erneuerung und Ausweitung des Programms. Auch das nur ein ehrlich gemeinter Frame?*

Nein. Wie gesagt, man kann Frames in der Politik benutzen, um Menschen irrezuführen und gezielt politische »Wahrheiten« in den Köpfen der Menschen zu schaffen, die mit der Realität nicht übereinstimmen. Und die Bezeichnung »Clear Skies Initiative« bedeutet eine sprachliche Irreführung durch Orwellian Language. Es ist die Taktik, eine politische Maßnahme genau gegensätzlich zu ihrer Natur zu benennen. Der sprachliche Frame *Clear Skies Initiative* vermittelt uns falsche Vorstellungen von den Inhalten der Gesetzesinitiative.

7. Bad Boys und Dad's Boys: Außenpolitik in Metaphern

7.1 Kinder, hört auf euren Vater: Metaphern und internationale Politik

Der Kolumnist David Ignatius schrieb im März 2006 in der Washington Post: *»Nebeneinander stehen diese Woche die zwei Pole der Entwicklungswelt: Indien und Iran. [...] Indien hat nukleare Waffen; Iran will sie. Zwischen ihnen stehen die USA und versuchen, Regeln aufzustellen, die für beide gelten – mit dem Ziel, den braven Jungen belohnen und den ungezogenen weiterhin bestrafen zu können.«*[10] *Wie beeinflussen Metaphern unser Denken im Bereich der Außenpolitik?*

Das ist ein interessantes Zitat, und es zeigt uns eine ganze Menge über außenpolitisches Denken. Fangen wir mit der Grundlage an. Außenpolitik – also das internationale politische Handeln von Nationen – ist durch Metaphern strukturiert. Es beginnt mit der Metapher *Nation* als *Person*. Also: Iran hat einen *Willen* oder auch *Wünsche*. Indien ist *in Besitz* von etwas. Die USA agieren, indem sie *Regeln aufstellen*.

Wir denken über Nationen als Personen innerhalb einer Weltgemeinschaft, in der es *Nachbar*staaten gibt, *befreundete* Staaten, *feindliche* Staaten, *Schurken*staaten und so weiter. Und in dieser Weltgemeinschaft gibt es *Erwachsenen*staaten und *Kinder*staaten. Industrialisiert zu sein bedeutet, erwachsen zu sein. Und wer nicht industrialisiert ist, ist nicht erwachsen, also ein Kind. Die *Entwicklungs*länder sind – metaphorisch – Kinder. Und damit meine ich jetzt all diejenigen Länder, die nicht zu den hochindustrialisierten Ländern gehören. Sie befinden sich noch in ihrer *Entwicklung*. Das ist die grundlegende Idee. Und das Ergebnis dieser Metaphern ist, dass *unterentwickelte* Nationen in der Außenpolitik als Kinder behandelt werden. Die Erwachsenenstaaten leisten *Entwicklungs*hilfe. Die Industrienationen helfen ihnen also, industrialisierte Länder zu werden. Sie sagen ihnen, was zu tun ist. Und wenn die Länder der Dritten Welt sich widersetzen und nicht tun,

10 D. Ignatius: Good Nukes, Bad Nukes. *Washington Post*, 1.3.2006 (Internet). Verfügbar unter: http://www.washingtonpost.com/wp-dyn/content/article/2006/02/28/AR2006022801010.html [2.9.2007].

was die Erwachsenen sagen, dann können sie *physisch*, also militärisch oder ökonomisch, diszipliniert werden.

Letztlich wird hier die konservative Familienmetapher auf die internationale Politik angewandt: Der strenge Vater *USA hat die Aufgabe, das artige Kind Indien zu belohnen und das ungezogene Kind Iran zu bestrafen.*

Sicherlich, das ist hier ganz deutlich. Und Sie haben Ihr Zitat ja auch bestimmt nicht zufällig gewählt. Aus Sicht der *Strenger-Vater*-Moral sind die USA auf Grund ihrer moralischen Stärke die legitime Autorität in der Weltgemeinschaft. Es ist die moralische Aufgabe des strengen Vaters, Regeln aufzustellen und ihre Einhaltung mittels des Systems von Belohnung und Bestrafung durchzusetzen. Gehorsam gegenüber den Vereinigten Staaten bedeutet moralisches Verhalten, Ungehorsam gegenüber den Vereinigten Staaten unmoralisches Verhalten.

Nehmen wir als Beispiel das metaphorische Verständnis des Irak-Konfliktes. Der Irak – einst die Wiege der Zivilisation! – wurde als eine Art aufsässiger, bewaffneter Teenager verstanden, der sich den Regeln der Erwachsenenstaaten widersetzte und dem durch die USA eine Lektion zu erteilen war.

Und das ist es, worum es in der Außenpolitik unter George W. Bush ging. Die USA haben als absolute Autorität die Macht, die Bedingungen für die Interaktion mit anderen Staaten festzulegen.

Wir haben also ein Metaphernsystem für Außenpolitik, durch das Industrienationen als Erwachsene und Entwicklungsländer als Kinder verstanden werden. Und wir sehen, wie dieses Metaphernsystem zusammen mit Strenger-Vater-*Moral das konservative Begreifen internationaler Politik strukturiert. Wie sieht das Gegenstück dazu aus, wie prägt das progressive Moralverständnis unser Denken über Außenpolitik?*

Wenn wir die Werte der *Fürsorgliche-Eltern*-Moral auf die Außenpolitik übertragen, dann dominiert zunächst einmal die Vorstellung, dass man Kinder – sprich die Entwicklungsländer – mit Respekt behandelt. Und dass man ihnen eine progressive Form der Liebe entgegenbringt, im Gegensatz zu der konservativen *tough love*.

Es ist eine moralische Aufgabe, sich so gut wie möglich in die Situation und Bedürfnisse der Entwicklungsländer hineinzuversetzen und ihnen, so gut es geht, zu helfen. Und an die Stelle des Systems von Belohnung und Bestrafung tritt die Idee der Fürsorge und Kooperation. Das bedeutet, dass man mit den Entwicklungsländern zusammenarbeitet, statt ihnen Verhaltensrichtlinien vorzuschreiben.

Als eine zentrale Idee gehört dazu, dass man den Entwicklungsländern zugesteht, Eigenverantwortlichkeit zu erlangen, und zwar so früh wie möglich, während man noch mit ihnen kooperiert und sie als Teil einer größeren Familie begreift. Wir haben vorhin über die Idee der Verantwortung in der *Fürsorgliche-Eltern*-Moral gesprochen: Das Kind soll lernen, für sich selbst und für andere zu sorgen. Das ist nur möglich, indem man ihm auch Eigenverantwortlichkeit zugesteht.

Im Übrigen werden Entwicklungsländer nicht immer als Kinder begriffen. So sind die Vereinten Nationen zum Beispiel eine Staatengemeinschaft, in deren Generalversammlung Entwicklungsländer gleichberechtigt neben den Industrienationen stehen und damit als Erwachsene begriffen werden.

7.2 Die vernünftige Nation: Außenpolitik aus Eigeninteresse

Im Präsidentschaftswahlkampf 2000 stellte der US-Journalist Jim Lehrer den Kandidaten Al Gore und George W. Bush während einer TV-Debatte folgende Frage: »Einer von Ihnen steht kurz davor, zum Führer der mächtigsten Nation der Welt gewählt zu werden – ökonomisch, finanziell, militärisch, diplomatisch. Haben Sie richtungsweisende Prinzipien, nach denen Sie diese enorme Macht ausüben wollen?« George W. Bush antwortete: »Das habe ich. Die erste Frage lautet: Was liegt im größten Interesse der Vereinigten Staaten? [...] Was die Außenpolitik betrifft, wird das meine Leitfrage sein: Liegt es in unserem nationalen Interesse?«[11]

Diese Antwort von George W. Bush ist kennzeichnend dafür, wie die konservative US-Regierung Außenpolitik begreift – als ein Handeln, das der maximalen Erfüllung nationaler Interessen dient. Interessant ist die Frage, wie dieses Verständnis zu Stande kommt.

Wir wissen, wie Metaphern funktionieren: Es werden Elemente der einen Idee auf die andere Idee übertragen. Wenn also Nationen als

11 Presidential Debate. *Public Broadcasting Service*, 12.10.2000 (Internet). Verfügbar unter: http://www.pbs.org/newshour/bb/politics/july-dec00/for-policy_10-12.html [2.9.2007].

Personen verstanden werden, so werden gedanklich auch bestimmte, natürlichen Personen zugehörige Eigenschaften auf Nationen übertragen. In diesem Falle sind zwei Eigenschaften besonders relevant: Erstens, Nationen sind rational. Sie verfügen über einen Verstand. Zweitens, Nationen sind Akteure. Sie agieren innerhalb der Weltgemeinschaft.

Demnach sind Nationen rationale Akteure, die ihr Handeln naturgegeben nach dem »Rational Actor Model« ausrichten.

Was besagt das »Rational Actor Model«?

Das Modell besagt, dass jeder Mensch ein Akteur ist, der sich darum bemüht, seine Gewinne auf rationalem Wege zu maximieren. Das bedeutet, dass er im Sinne der Kosten-Nutzen-Rechnung mögliche Gewinne und Verluste rational abwägt und dann dem Ergebnis dieser Berechnung entsprechend handelt: Er wird in seinem eigenen Interesse so handeln, dass sein Nutzen maximiert und seine Kosten minimiert werden. Handelt jemand entgegen den Ergebnissen der Kosten-Nutzen-Rechnung, so dass sein Handeln seinen Nutzen minimiert und seine Kosten maximiert, so handelt er irrational.

Wenn wir dieses Modell vom rationalen Handeln der Menschen metaphorisch auf das außenpolitische Handeln von Nationen übertragen, stellt sich die Kernfrage: Wie definiert sich nationales Eigeninteresse?

Auch diese Antwort liegt in der Metapher *Nationen* sind *Personen*: Was liegt im Interesse einzelner Personen, die innerhalb einer Gemeinschaft agieren? Nun, es liegt in ihrem Interesse, dass sie stark, gesund und einflussreich sind. Für eine Nation bedeutet das militärische Stärke, ökonomische Gesundheit und politischen Einfluss.

Wir übertragen die körperliche Kraft einer Person gedanklich auf die militärische Stärke eines Landes: In einem Krieg – in unseren Köpfen ein physischer Kampf zwischen zwei Personen – *ringen* Nationen miteinander. Denken Sie alleine an die Bezeichnung Militär*schlag*. Die Wirtschaft einer Nation begreifen wir als ihren Gesundheitszustand: Ein Land kann ökonomisch *schwächeln*, wirtschaftlich *angeschlagen sein* oder sich wieder *erholen*. Und die gegenseitige Beeinflussung zwischen Personen übertragen wir auf die Diplomatie: Eine Nation kann über großen oder geringen politischen *Einfluss* auf die übrigen Nationen der

Weltgemeinschaft verfügen. Die Annahme ist also, dass alle Nationen militärische *Stärke*, ökonomische *Gesundheit* und politischen *Einfluss* anstreben.

Und zwar – und das ist wichtig – von Natur aus! So, wie es für den Menschen natürlich ist, sein eigenes Wohl zu maximieren, ist es für Nationen natürlich, eine maximale Erfüllung ihrer nationalen Interessen zu verfolgen. Auf diese Weise maximiert sich das Wohl aller. Außenpolitik im Namen nationalen Interesses ist also moralische Außenpolitik.

Offensichtlich geht dieses Verständnis von der Annahme aus, dass jede Person – und damit jede Nation – derselben Ratio folgt, die ein Handeln im Sinne des eigenen Interesses diktiert: Kosten und Nutzen werden objektiv berechnet. Wir haben vorhin über den Rationalismus diskutiert und ihm seine absolute Gültigkeit abgesprochen, ihn gar als Mythos entlarvt. Überführen wir uns jetzt selbst als Schwindler, indem wir die Annahmen des Rationalismus als für die Außenpolitik geltend hinnehmen?

Tja, da ständen wir jetzt tatsächlich ziemlich dumm da. Aber was für Personen gilt, das gilt auch für Nationen: Sie »denken« nicht gleich. Sie können Dinge in Form unterschiedlicher Metaphern und Frames wahrnehmen. Und sie werden entsprechend diesen Konzepten unterschiedlich handeln.

Lassen Sie mich Ihnen eine Geschichte aus dem Golf-Krieg 1991 erzählen. Als die USA das erste Mal Bagdad bombardierten, ging die US-Regierung davon aus, dass Saddam Hussein – angesichts der offensichtlichen militärischen Überlegenheit der US-Streitkräfte – seine Truppen zurückziehen würde, um weitere Verluste zu vermeiden. Doch es geschah etwas in den Augen der US-Amerikaner ganz Erstaunliches: Der Irak kapitulierte nicht! In den USA war man verwundert, und der damalige US-Präsident George H. W. Bush Sr stellte fest: »Der Irak agiert irrational!«

Nun, hätte Saddam Hussein die politische Situation im Sinne der Metaphern des nationalen Eigeninteresses begriffen, dann wäre seine Entscheidung tatsächlich irrational gewesen. Er minimierte ja zusehends das nationale Interesse des Irak: militärisch, ökonomisch und diplomatisch.

Aber Saddam Hussein – und die Menschen im Irak – begriffen die Situation völlig anders als die Menschen in den USA. Außenpolitik hatte für Saddam Hussein nicht das Geringste zu tun mit nationalem Interesse, wie die USA es verstanden.

Seine Idee war es, als Held gegen den Westen Widerstand zu leisten. Und selbst wenn man dabei militärisch letztlich verlor, man war ein Held. Es wäre unmoralisch gewesen, sich dem Westen zu ergeben. Und es ging um Respekt – den Selbstrespekt der irakischen Nation und den Respekt anderer arabischer Nationen. Nun, die USA haben das damals nicht verstanden. Sie dachten in einer anderen Metapher über die Situation. Es war ein Metaphernkonflikt.

Übrigens gab es nach Ende des Golf-Krieges einen interessanten Artikel in der *New York Times*. Darin wurde der Krieg als »Schnäppchen« bezeichnet: Es waren im Einsatz nur wenige US-Soldaten ums Leben gekommen, und der Krieg hatte die USA militärisch und ökonomisch nur wenig gekostet. Der Tod unzähliger irakischer Zivilisten ging nicht als Kostenpunkt in die Rechnung ein.

7.3 Eine Frage des Prinzips: Konservative US-Außenpolitik und die Vereinten Nationen

Während im UN-Sicherheitsrat *die Bemühungen um eine gewaltfreie Lösung des Irak-Konfliktes andauerten, beschlossen die USA im Herbst 2002 die »Nationale Sicherheitsstrategie«, die den Präsidenten der USA unter anderem zum Krieg gegen den Irak ermächtigte – dieser Teil des Dokuments wurde als »Bush-Doktrin« bekannt. Im Januar 2003 wurde dann bekanntgegeben, man werde den Irak auch ohne* UN-*Resolution angreifen, am 20. März des Jahres fielen die ersten Bomben auf Bagdad. Eine den Angriffskrieg legitimierende Befugnis durch den* UN-Sicherheitsrat *war bis zuletzt ausgeblieben. Ein Jahr später sagte George W. Bush: »Amerika wird nie nach einem Erlaubnisschreiben fragen, um die Sicherheit unseres Landes zu verteidigen.«*[12]

Nun, interessant ist hier der Begriff »Erlaubnisschreiben«. Überlegen wir doch einmal: Wer braucht ein Erlaubnisschreiben? Jemand, der nicht die Autorität hat, selbst zu entscheiden. Zum Beispiel Kinder, die von ihren Eltern die schriftliche Erlaubnis erhalten, an Schulausflügen teilzunehmen. Die Eltern haben als Autorität die Entscheidungsgewalt, etwas zu erlauben oder zu verbieten.

---

12 State of the Union Address. *The White House*, 20.1.3004 (Internet). Verfügbar unter: http://www.whitehouse.gov/news/releases/2004/01/20040120-7.html [2.9.2007].

Überträgt man die konservative Moral auf die internationale Politik, so sind die USA die legitime Autorität innerhalb der Weltgemeinschaft. Und ihre Entscheidungen sind durch keinen Dritten in Frage zu stellen: »Father knows best.« Wenn sich die USA darauf einließen, ihr außenpolitisches Handeln durch andere Nationen legitimieren lassen zu müssen, gäben sie ihre Autorität auf.

Und was geschieht in den Köpfen der US-amerikanischen Bürger, wenn George W. Bush sagt, die USA werden nie nach einem Erlaubnisschreiben fragen? Es wird ein Frame aktiviert, in dem internationale Beziehungen im Sinne einer *Strenger-Vater-*Weltsicht begriffen werden und entsprechend hierarchisch strukturiert sind. Und denken wir mal einen Schritt weiter in diesem Frame: Wenn wir, die USA, nach einem Erlaubnisschreiben fragen müssten, dann bedeutete das, jemand anderes wäre uns hierarchisch übergeordnet und träfe als legitime Autorität für uns geltende Entscheidungen.

Der neokonservative Politiker Richard Perle und David Frum, ehemals Redenschreiber für George W. Bush, schreiben in dem Buch An End to Evil[13]*, dass die USA ihre Sicherheit riskieren würden, unterstellten sie sich der Autorität der* Vereinten Nationen. *Die USA sind als ständiges Mitglied im* UN-Sicherheitsrat *eine der fünf Vetomächte. Ohne ihre Zustimmung kann keine Resolution verabschiedet werden. Was das angeht, gehen die USA also kein Risiko ein.*

Nun, die Frage ist: Was bedeutet es für die Vereinigten Staaten, sich – in jeder Hinsicht – der Autorität der *UN* zu unterstellen? Was den *Sicherheitsrat* betrifft, gehen die USA tatsächlich keinerlei Risiken ein.

Aber aus der *UN-Charta* ergibt sich zum Beispiel, dass Angriffskriege ohne eine Befugnis durch den *UN-Sicherheitsrat* illegal sind. Die konservative US-Regierung hält Angriffskriege aber für legitim und notwendig, um sich als Nation zu verteidigen. Angriffskriege sind in der sogenannten Bush-Doktrin ausdrücklich vorgesehen. Und in der neuen Fassung der »Nationalen Sicherheitsstrategie« von 2006 hat die Regierung insoweit keine Änderungen vorgenommen.

Würden die USA die *UN-Charta* in jeder Hinsicht befolgen, hätten sie weder den Irak ohne Befugnis durch den *UN-Sicherheitsrat* angreifen dürfen, noch könnten sie zukünftig außenpolitisch auf diese Weise

13 D. Frum a. R. Perle (2004): An End to Evil. How to Win the War on Terror. New York (Ballantine).

agieren. Und im Sinne von Richard Perle und David Frum würde das die nationale Sicherheit der Vereinigten Staaten auf das Höchste gefährden. Und denken Sie nur an George W. Bushs außenpolitischen Leitsatz: »Ich glaube daran, dass diese Welt ein gefährlicher Ort ist!«

Also geht es um Unabhängigkeit, um politische Selbstbestimmung der USA?

Nun, vordergründig geht es darum, dass die USA politisch agieren werden, wie sie es für richtig halten. Aber hintergründig geht es in der Beziehung der USA zu den Vereinten Nationen schlichtweg ums Prinzip – und zwar um die Prinzipien der *Strenger-Vater*-Moral. Es geht eben nicht nur darum, in einzelnen politische Fragen – wie dem Militärschlag gegen den Irak – selbstbestimmt agieren zu können. Sondern es geht um die Kernfrage: Wer trifft im Zweifelsfall innerhalb der Weltgemeinschaft als legitime Autorität internationale Entscheidungen?

Eine Frage des Prinzips, die sich in folgender berühmter Aussage von George W. Bush aus dem Jahre 2006 widerspiegelt: »Ich bin der Entscheider. Und ich entscheide, was am besten ist.«[14]

Und dieser Leitsatz hat innen- wie außenpolitische Gültigkeit: Die USA haben aus konservativer Sicht als legitime moralische Autorität der Weltgemeinschaft die absolute Entscheidungsgewalt.

Aber es gibt noch weiter gehende Gründe: Da die USA als moralisch stärkste Nation essentiell gut sind, können sie ihre Souveränität unmöglich durch weniger souveräne Nationen in Frage stellen lassen. Nehmen wir beispielsweise den *Internationalen Strafgerichthof* in Den Haag, der nicht unmittelbar an Resolutionen des *UN-Sicherheitsrates* gebunden ist. Nach internationalem Recht könnten zum Beispiel einige US-Regierungsmitglieder und US-Militärs als Kriegsverbrecher erscheinen. Unterstellten sich die USA der Jurisdiktion des *Internationalen Strafgerichtshofes* der UN, dann wären sie im Verdachtsfall verpflichtet, die genannten Personen festzunehmen und einer Anklage zuzuführen. Stellen Sie sich das einmal bildlich vor: Der Ver-

14 President Bush Nominates Rob Portman as OMB Director and Susan Schwab for USTR. *The White House*, 18.4.2006 (Internet). Verfügbar unter: http://www.whitehouse.gov/news/releases/2006/04/20060418-1.html [2.9.2007].

teidigungsminister der USA würde auf Grund eines internationalen Haftbefehls festgenommen und in Den Haag vor Gericht gestellt!

Dem ist vorgebeugt. Im Jahre 2002 hat George W. Bush den American Servicemembers' Protection Act *unterzeichnet, der Mitglieder der US-Regierung und des US-Militärs gesetzlich vor dem Zugriff durch den* Internationalen Strafgerichtshof *schützt. Niederländische Medien gaben dem Gesetz bald den amüsanten Beinamen »Den-Haag-Invasions-Gesetz«.*

Ja, und es ermächtigt den Präsidenten der USA sogar dazu, seine Bürger unter Anwendung militärischer Gewalt aus dem Zugriff des *Internationalen Strafgerichtshofs* in Den Haag zu befreien. Die USA haben sich also selbst eine Gesetzeslage geschaffen, nach der sie – wohlgemerkt aus ihrer Sicht – im Zweifelsfalle militärisch in die Niederlande eindringen und ihre Landsleute dort befreien können. Aus der Sicht der *Strenger-Vater*-Moral ist das ein moralisches Handlungsgebot: Der *strenge Vater* muss seine legitime Autorität aufrechterhalten – notfalls mittels physischer Gewalt.

Also, es geht hier um zwei Dinge. Zum einen geht es in der Beziehung der USA zu internationalen Organisationen wie den *UN* um die Frage nach legitimer Entscheidungsgewalt in konkreten politischen Fragen, wie zum Beispiel bei der Frage nach der Notwendigkeit eines Militärschlags gegen den Irak – dieser Punkt ist offensichtlich.

Zum anderen – und das ist weniger offensichtlich – geht es um die *Strenger-Vater*-Idee, dass die USA verpflichtet sind, ihre moralische Autorität in der Welt unbeirrt zu wahren und unnachgiebig zu bleiben: »Keine Diskussion!« Dies ist letztlich zum Wohle aller, denn »Father knows best«, und kann die Welt vor dem Bösen beschützen.

Damit gibt es Situationen, in denen diplomatische Schritte nicht nur überflüssig, sondern sogar unmoralisch wären.

So ist es. Diplomatische Verhandlungen zwischen Nationen werden durch die Metapher *Nationen* sind *Personen* als Kommunikation zwischen Personen begriffen. Und wenn wir in einer konservativen Weltsicht denken, ist Kommunikation hierarchisch strukturiert. Man bespricht nicht auf Augenhöhe mit seinen Kindern, was zu tun ist und weshalb – man schreibt es ihnen vor.

Und das wenig diplomatische, ja geradezu undiplomatische Verhalten der Bush-Administration wurde von vielen – fälschlicherweise – als eine Reihe politischer Fauxpas begriffen. Gerade Europäer fragten sich: »Meine Güte, wieso halten die USA nicht zumindest eine Fassade der Diplomatie aufrecht?«

Diese Frage ist leicht beantwortet: Es ging um diplomatische Strenge. Eine diplomatische Fassade aufrechtzuerhalten wäre aus Sicht der konservativen US-Regierung unmoralisch gewesen. Man musste der Weltgemeinschaft unmissverständlich zeigen, wer als legitime Autorität das Sagen hat.

Es gibt eine Aussage des ehemaligen US-Präsidenten Ronald Reagan, die interessante gedankliche Parallelen hierzu aufweist. Im Herbst 1983 hatte der UN-Sicherheitsrat *für eine Resolution gestimmt, welche die US-Invasion in Grenada als Verletzung internationalen Rechts bezeichnete. Reagan sagte sieben Tage später gegenüber Journalisten im Weißen Haus: »Einhundert Nationen in der UN stimmten nicht mit uns überein in Bezug auf fast alles, was ihnen vorgelegt wurde und mit uns zu tun hat. Und es hat mir nicht im Geringsten mein Frühstück verdorben.«*[15]

Dahinter steckt dasselbe Denken. Und sehen Sie, die Idee, eine Gruppe von weniger souveränen Nationen an der Entscheidungsgewalt teilhaben zu lassen, ergibt aus Sicht des *Strenger-Vater*-Modells überhaupt keinen Sinn. Das Wesen der Vereinten Nationen, basierend auf der Gleichheit seiner Mitglieder, schlägt jedem Konservativen geradezu ins Gesicht: Es widerspricht der Idee, dass und wie man Entwicklungsländer als Kinder behandelt.

Da die Vereinten Nationen *nicht hierarchisch strukturiert sind, sondern den Mitgliedsstaaten unabhängig von ihrer militärischen und ökonomischen Stärke grundsätzlich gleiches Mitspracherecht in der Generalversammlung einräumen?*

Ja, die Idee der *UN* entspringt einem Denken im Sinne des *Fürsorgliche-Eltern*-Modells: Man behandelt auch die militärisch und ökonomisch *schwächeren* Nationen nicht wie unmündige Kinder, sondern spricht ihnen Selbständigkeit und Verantwortung innerhalb der Staatenge-

15 It was a Rescue Mission, Reagan Says. *New York Times*, 4.11.1983.

meinschaft zu. Die *UN* hat keine hierarchische, sondern eine offene Kommunikationsstruktur, in der alle Nationen gehört werden sollen.

Außerdem stellen die Menschenrechtspakte der *UN* und Teile der *UN-Charta* durch und durch progressive Dokumente dar, die einer *fürsorglichen* Weltsicht entspringen. Ihre Inhalte schlagen jedem US-Amerikaner, der eine *Strenger-Vater*-Moral hat, ins Gesicht. Und die *UN-Charta* tut noch etwas, das die USA unter George W. Bush nicht getan haben und auch nicht zu tun bereit sind: Sie geht von einer internationalen Gemeinschaft aus, innerhalb deren man sich um Menschen sorgt – Individuen, nicht Staaten.

Nun, unsere vorherrschende Metapher in der Außenpolitik, *Nationen* sind *Personen*, blendet diesen Aspekt internationaler Politik vollkommen aus. Ohne dass wir uns dessen bewusst sind, bewirkt diese Metapher Weitreichendes: Sie blendet das Element *Mensch* als *Individuum* aus unserer Wahrnehmung aus.

7. Aus den Augen, aus dem Sinn: Die menschenblinde Metapher

Inwiefern lässt uns die Metapher Nationen *sind* Personen *die realen Menschen aus dem Blick verlieren?*

Denken Sie an die Zeit, als sich die USA auf den Militärschlag gegen den Irak vorbereiteten. Wenn man damals mit US-Bürgern sprach, bekam man oft zu hören: »Wir müssen Saddam kriegen!« In unserer nationalen Wahrnehmung griffen die US-Streitkräfte Saddam Hussein an, nicht die irakische Zivilbevölkerung. Das Denken und Sprechen in dieser Metapher blendete die Tatsache aus, dass die Bomben, die in diesem Krieg fielen, nicht allesamt auf Saddam Hussein fielen. Genau genommen, fiel keine einzige Bombe auf Saddam Hussein.

Die Bomben töteten irakischer Bürger – Menschen wie Sie und mich, die im Irak lebten. Aber in unserem metaphorischen Denken waren sie nicht vorhanden, dieser Teil der Realität wurde von der Metapher ausgeblendet.

Das bedeutet, wenn wir internationale Politik metaphorisch als Interaktion zwischen Personen begreifen, dann sind die wirklichen Menschen in diesen Ländern per Metapherndefinition kein außenpolitisches Anliegen.

Ja, und das ist ziemlich erschreckend: Menschen sind in der Wahrnehmung der derzeitigen US-Regierung kein außenpolitisches Anliegen.

Überlegen wir einmal, was alles *keine* Anliegen US-amerikanischer Außenpolitik sind: Menschenrechte, Frauenrechte, Kinder, Flüchtlinge, Hunger und Armut auf der Welt, globale Arbeiterrechte, globale Gesundheitsprobleme wie Aids in Afrika und die Umwelt.

Die wichtige Frage ist: Weshalb sind all diese Themen keine außenpolitischen Anliegen? Die Antwort liegt in unserem metaphorischen Denken: Sie haben nicht mit der Interaktion von Staaten zu tun, sondern betreffen die Menschen innerhalb dieser Staaten. All das, was innerhalb anderer Nationen geschieht, ist für die USA kein außenpolitisches Anliegen. Denn es passt nicht in das Verständnis von nationalem Interesse und hat keine Bedeutung im Rational Actor Model, an dem sich die Arbeit des US-Außenministeriums ausrichtet.

Menschenrechtsverletzungen in China, in Russland, im Iran? Nicht unsere Zuständigkeit! Die Umwelt wird in hohem Maße vergiftet? Nicht unsere Zuständigkeit! Frauen werden unterdrückt und misshandelt? Nicht unsere Zuständigkeit! Das HIV-Virus verbreitet sich in Afrika und tötet große Teile der Bevölkerung? Nicht unsere Zuständigkeit!

Wer leistet die dringend notwendige Arbeit in diesen Bereichen? Internationale Organisationen, die zum Teil der *UN* angegliedert sind, und private Stiftungen.

All diese Probleme, bei denen es um das Wohl von Menschen – nicht Staaten – geht, werden nicht als Gegenstand der Außenpolitik begriffen.

Ich denke aber, dass diese Bereiche zu Anliegen der US-amerikanischen Außenpolitik werden sollten.

Sie sagen, es handele sich um ein Metaphernproblem?

Zunächst müssen wir uns bewusstmachen, dass das Verständnis von internationaler Politik, wie die USA es zur Zeit haben, keine objektive Gültigkeit besitzt, sondern durch bestimmte Metaphern strukturiert ist.

Lassen Sie mich noch einmal die Metaphern zusammenfassen, durch die man in der Politikwissenschaft meist internationale Politik begreift: *Nationen* sind *Personen*, die daher als rationale Akteure im

Sinne des Rational Actor Model handeln können, *internationale Beziehungen* sind *Interaktionen* zwischen *Nationen* als *Personen, Industrienationen* sind *Erwachsene, Entwicklungsländer* sind *Kinder, nationales Interesse* ist *Eigeninteresse*. Nun, diese Metaphern, die Teil unseres außenpolitischen Common Sense sind, begünstigen ein konservatives außenpolitisches Handeln.

Denn wenn man Außenpolitik im Sinne dieser Metaphern begreift und die *Strenger-Vater*-Moral auf sie anwendet, dann definiert man damit moralische Außenpolitik als das rationale Handeln von Staaten gemäß ihrem nationalen Interesse – als das Handeln im Sinne von Erlangung politischen Einflusses und militärischer und ökonomischer Überlegenheit. Und diejenigen Nationen, die militärisch, ökonomisch und politisch am stärksten sind, sind die moralischen Autoritäten.

Nun, Außenpolitik muss nicht durch diese Metaphern begriffen werden. Wir können sie auch anders begreifen – auf eine Weise, die es zulässt, dass die Menschen innerhalb anderer Nationen zu einem Aspekt des außenpolitischen Handelns werden.

Indem wir die Prinzipien der Fürsorgliche-Eltern-*Moral auf internationales politisches Handeln anwenden?*

Ja. Ich schlage vor, dass wir eine moralische Außenpolitik als eine Politik begreifen, die den Grundprinzipien der *Fürsorgliche-Eltern*-Moral folgt: Empathie und Verantwortung.

Empathie bedeutet, dass uns die Menschen in anderen Nationen etwas angehen, dass wir uns in sie hineinversetzen und mit ihnen mitfühlen – mit den Individuen, den einzelnen Menschen, nicht mit den Staaten.

Als Ergebnis würde man sich für die Menschen in anderen Nationen dieselben – progressiven – Freiheiten und Rechte wünschen wie für die Menschen in den USA. Man würde sich zumindest dafür verantwortlich fühlen, ihnen ein Mindestmaß an menschlicher Würde zu garantieren.

Wenn die Werte »Empathie« und »Verantwortung« unser internationales Denken bestimmen würden, wären all diese Probleme, die Menschen und nicht Staaten betreffen, auch Probleme der Außenpolitik. Aus dieser Perspektive wäre es beispielsweise ein außenpolitisches Anliegen, in weitaus größerem Umfang als bisher mit internationalen Organisationen zu kooperieren und die Arbeit der Vereinten Nationen *zu unterstützen.*

Und nicht nur das. Wenn unsere Außenpolitik *fürsorglichen* Werten folgte, würden wir uns auch im Sinne systemischer Kausalität um den Schutz der Menschen bemühen. Zum Beispiel würden wir den Vertrag mit Russland über die Begrenzung von Raketenabwehrsystemen aufrechterhalten, von dem die USA im Jahre 2002 zurückgetreten sind.

Wir wären bestrebt, den globalen Umweltschutz zu stärken, denn der Schutz von Menschen beginnt mit dem Schutz der Umwelt, auf die wir, als unsere Lebensgrundlage, alle angewiesen sind. Man hätte das *Kyoto-Protokoll* von 1997, in Kraft getreten 2005, ratifiziert, welches das Ziel verfolgt, den Ausstoß von Treibhausgasen weltweit zu senken und der globalen Erwärmung entgegenzuwirken.

Was ist mit dem Einsatz militärischer Gewalt: Krieg oder kein Krieg?

Wenn irgend möglich: Frieden.

Die konservative US-Regierung hat in der Vergangenheit Militäreinsätze als ein notwendiges politisches Mittel definiert, indem sie sich an den preußischen General Carl von Clausewitz hielt: »Der Krieg ist die Fortsetzung der Politik mit anderen Mitteln.«

Nun, wenn wir im Sinne des Rational Actor Model über das außenpolitische Handeln einer Nation denken, wird militärische Gewalt schnell zu einem legitimen politischen Instrument. Wenn es die rationale Erwägung nationalen Eigeninteresses vorschreibt, kann und muss militärische Kraft eingesetzt werden. Und noch etwas: Militärische Gewalt ist ein Mittel, die Autorität der USA in der Welt aufrechtzuerhalten und die konservative Moral auf andere Nationen auszuweiten.

Wir haben das am Beispiel der Rechtfertigung des jüngsten Irak-Kriegs gesehen. Als George W. Bush im Jahre 2004 wiedergewählt wurde, sagte er in seiner Rede zur Amtseinführung, dass die vitalen Interessen und die tiefsten Prinzipien der USA nun eins seien. Das bedeutet, dass die moralische Aufgabe, die *Strenger-Vater*-Moral auf den Mittleren Osten auszuweiten, Hand in Hand mit dem nationalen Interesse an militärischer und ökonomischer Überlegenheit sowie an politischem Einfluss geht. Und beides zusammen rechtfertigt die Anwendung militärischer Gewalt.

Nun, eine *fürsorgliche* Außenpolitik würde stets dem Prinzip minimaler Gewalt folgen. Durch Krieg schadet man Menschen in unvorstellbarem Maße, auch jenen, die an den Kampfhandlungen überhaupt nicht beteiligt sind. Der Irak-Feldzug hat nicht nur dazu geführt, dass das Leben unzähliger Iraker ausgelöscht wurde. Er hat außerdem die Infrastruktur des Landes zerstört, und bis heute ist weder Elektrizität noch medizinische Versorgung für Kinder, alte oder kranke Menschen vorhanden, die in besonderem Maße von den weitreichenden Folgen des Krieges betroffen sind.

Moralische Außenpolitik bedeutet aus Sicht der *Fürsorgliche-Eltern*-Moral eine möglichst gewaltfreie Außenpolitik. Das heißt erstens, außenpolitisch prinzipiell der Idee von Wiedergutmachung anstelle von Vergeltung zu folgen. Und zweitens würde man der Diplomatie stets den Vorrang vor militärischer Gewalt einräumen.

Aber wir müssen doch als Nation auch unser eigenes Interesse im Auge behalten.

Sicherlich. Eine durch progressive Werte strukturierte Außenpolitik würde – von Natur aus – immer pragmatisch bleiben und das Wohlergehen der eigenen Nation stets an erster Stelle berücksichtigen. Das ergibt sich aus der Struktur der *Fürsorgliche-Eltern*-Moral: Verantwortung gegenüber anderen setzt immer Verantwortung sich selbst gegenüber voraus. Zunächst einmal sind wir für uns als Nation verantwortlich – es muss den Menschen in unserer Nation gutgehen. Nur auf dieser Grundlage können wir Verantwortung für andere übernehmen.

Eine Außenpolitik im Sinne der Fürsorgliche-Eltern-*Moral würde engere internationale Kooperation nicht nur als Möglichkeit begreifen, sondern sie notwendig machen.*

Ja, man würde multilaterale Politik betreiben. Man würde die komplexe internationale Abhängigkeit und gegenseitige Verantwortung anerkennen und kooperativ im Sinne eines gemeinsamen Wohles agieren.

Nun, auch die Politik von George W. Bush ist multilateral, nämlich immer an der Stelle, an der es im Sinne *strenger* Moralauffassung dem nationalen Interesse der USA dient. Könnten Sie mir noch einmal das Zitat vorlesen, das Sie vorhin hier liegen hatten, aus der Zeit, als George W. Bush das erste Mal für das Amt des Präsidenten kandidierte?

Sicherlich. Auf die Frage, nach welchen Prinzipien er außenpolitisch agieren würde, antwortete George W. Bush: »Die erste Frage lautet: Was liegt im größten Interesse der Vereinigten Staaten? [...] Was Außenpolitik betrifft, wird das meine Leitfrage sein: Liegt es in unserem nationalen Interesse?«

Genau das Zitat meinte ich. Sehen Sie, das nationale Interesse zu verfolgen, bedeutete für George W. Bush – und seine Außenpolitik der vergangenen Jahre hat das gezeigt – im Zweifelsfall auch multilateral zu handeln.

Und der populäre Vorwurf der progressiven Opposition, die Bush-Administration handele unilateral, war von dem Augenblick an haltlos, da die konservative US-Regierung im Sinne des nationalen Interesses multilateral agierte und zum gemeinsamen internationalen Kampf gegen den Terrorismus aufrief.

Und im Jahre 2002 die »Coalition of the Willing« – die »Koalition der Gewillten« gegen die »Axis of Evil« – die »Achse des Bösen« – antreten ließ.

Ebenda.

8. Die »Achse des Bösen« und ihr Geschwisterkind: Frames der konservativen US-Außenpolitik

8.1 Aus drei mach eins, und mach es böse: Der Frame von der »Achse«

Im Januar 2002 bezeichnete George W. Bush die Staaten Irak, Iran und Nordkorea erstmals als »Achse des Bösen«, als er in einer Rede zur Lage der Nation sagte: »Staaten wie diese – und ihre terroristischen Verbündeten – bilden eine Achse des Bösen, die aufrüstet, um den Frieden auf der Welt zu bedrohen.«[16] Welcher gedankliche Frame wird damit erweckt?

Nun, zunächst einmal ruft die Bezeichnung »Achse des Bösen« den Zweiten Weltkrieg in den Köpfen der Menschen wach und die damaligen Achsenmächte: das nationalsozialistische Deutschland, das faschistische Italien und Japan. Wenn George W. Bush von einer Achse spricht, dann wird umgehend dieser Frame aufgerufen. Und zwar ungeachtet dessen, dass die drei Nationen – Irak, Iran und Nordkorea – nichts miteinander zu tun haben, anders als die Achsenmächte im Zweiten Weltkrieg, die 1940 mit dem »Dreimächtepakt« ein politisches Bündnis geschlossen hatten.

Nun, Irak, Iran und Nordkorea stellen in keiner Weise ein politisches Bündnis dar. Dennoch kreiert der Frame eine gedankliche Verbindung zwischen ihnen. In unseren Köpfen werden die drei Nationen also zu Feinden, die sich – vertraglich – gegen die USA verbündet haben.

Und noch etwas ist interessant an dem Frame: Der Zweite Weltkrieg wurde in den Vereinigten Staaten als durch und durch unmoralisch begriffen. Und die damaligen Achsenmächte waren in den Augen der US-Amerikaner durch und durch böse. Der Frame erweckt die Idee, dass auch Irak, Iran und Nordkorea durch und durch böse sind.

Wobei letztere Idee nicht nur ein gedankliches Kind des Frames Achse *ist, denn das Böse wird ja namentlich genannt. Interessant ist dabei, dass der*

16 State of the Union Address. *The White House*, 29.1.2002 (Internet). Verfügbar unter: http://www.whitehouse.gov/news/releases/2002/01/20020129-11.html [2.9.2007].

ursprüngliche Vorschlag aus der Hand des konservativen Redenschreibers David Frum »Achse des Hasses« gelautet haben soll. George W. Bush übernahm den Vorschlag, tauschte aber den »Hass« gegen das »Böse« aus.

Ja, das trifft zu. Die Bush-Administration entschied sich für den Begriff »Böse«. Und dafür gab es einen Grund. Das Böse ist an dieser Stelle eine Anlehnung an Ronald Reagan und den Kommunismus. Als Ronald Reagan Präsident der USA war, empfanden die USA die kommunistische Sowjetunion als eine immense Bedrohung. Reagan bezeichnete damals die Sowjetunion als das »Reich des Bösen«.

Indem George W. Bush von dem Bösen spricht, aktiviert er in den Köpfen seiner Hörer einen gedanklichen Frame im Sinne konservativer Wertemoral, denn er benutzt eine Sprache, die ein Denken in Form der Gut-Böse-Dichotomie nach sich zieht. Das würde der Begriff »Hass« an dieser Stelle nicht leisten.

Und wenn man die Situation im Sinne dieses Frames begreift, dann folgen eine Reihe unbewusster Schlussfolgerungen: Erstens, wenn wir gegen das Böse kämpfen, dann sind wir per Umkehrschluss das Gute. Und zweitens, wenn wir es mit dem Bösen zu tun haben, dann dürfen wir alles Notwenige tun, um es zu besiegen. Es ist ein elementarer Teil der konservativen Weltsicht, dass man im Kampf gegen den Teufel dessen Werkzeuge gegen ihn selbst benutzen darf und muss.

Wenn also dieser Frame erst einmal in unseren Köpfen verankert ist, dann rechtfertigt er die Folterung von Gefangenen ebenso wie Bombenangriffe, bei denen Zehntausende irakischer Zivilisten sterben. Was auch immer die Regierung zu tun gedenkt im Kampf gegen das sogenannte Böse, es ist durch den Frame gerechtfertigt.

Sogar im Widerspruch zu den Genfer Konventionen, die international den Gefangenen bestimmte Rechte garantieren und insbesondere eine menschenunwürdige und erniedrigende Behandlung von Gefangenen verbieten. Im Jahre 2002 erklärte George W. Bush diese Schutzrechte für die USA als nicht bindend, soweit es um die Befragung mutmaßlicher Terroristen geht.

Ja, und aus der Sicht der Konservativen ist das sogar eine moralische Politik: Denn die Pflicht der Vereinigten Staaten, das Böse zu bekämpfen, hat einen höheren Stellenwert als internationale Abkommen wie zum Beispiel die Genfer Konventionen.

Im Irak-Krieg hat der damalige Verteidigungsminister Donald Rumsfeld beispielsweise auch private Unternehmen mit der Vernehmung von Gefangenen beauftragt. Die Mitarbeiter dieser Firmen waren zum Teil frühere Soldaten, die darauf spezialisiert waren, Gefangene mit Foltermethoden zu verhören. Von diesen Firmen wurde erwartet, dass sie so viele Informationen wie möglich liefern. Welche Mittel sie einsetzten, um diese Informationen zu bekommen, war ihnen freigestellt. Als private Firmen unterstanden sie nicht den militärrechtlichen Vorschriften. Sie erfüllten vielmehr nur ihre vertraglichen Pflichten.

Was ist mit der Beachtung von Menschenrechten?

Die Mitarbeiter dieser Firmen waren als Privatpersonen nicht unmittelbar an die Beachtung der Menschenrechte und der Genfer Konventionen gebunden.

Die Strenger-Vater-*Moral beinhaltet also die Idee, den Teufel mit seinen eigenen Waffen zu schlagen: »Fighting evil with evil tools.« An dieser Stelle tritt aber ein Problem der Logik auf. Wenn das Handeln des Teufels ihn böse macht und wir auf gleiche Weise handeln, dann werden wir damit doch selbst zum Teufel.*

Sie argumentieren – zunächst einmal – logisch: »Wenn wir jemanden töten, der getötet hat, dann sind wir nicht besser als er.«

Sie begehen aber einen gravierenden Fehler bei Ihrer Betrachtung. Sie lassen außer Acht, dass Ihre Argumentation keinerlei Anspruch auf objektive Gültigkeit hat. Ihre Überlegung folgt keiner Logik an sich, sie folgt einer Logik, die auf den Werten der *Fürsorgliche-Eltern*-Moral basiert. Die Gleichung »Wer einen Mörder tötet, wird selbst zum Mörder« beinhaltet keine allgemeine Wahrheit. Sie ist nur dann »wahr«, wenn wir eine progressive Weltsicht haben. Sie gehen von unzutreffenden Annahmen aus, wenn Sie progressive Werte als Maßstab auf ein Denken und Handeln anwenden, das einem konservativen Wertesystem entspringt.

Und aus Sicht der *Strenger-Vater*-Moral ist diese Gleichung schlichtweg ungültig. Wir können nichts – überhaupt gar nichts – dagegen tun, dass die Konservativen im Sinne ihrer eigenen Wertevorstellungen denken, sprechen und handeln – und damit die Anwendung von

Foltermethoden im Zweifelsfall zu einer moralischen Verpflichtung wird: »Natürlich werden wir foltern, wir haben gar keine Wahl, denn wir müssen unschuldige Leben retten!«

Im konservativen Denken ist es moralisch, den Teufel mit seinen eigenen Waffen zu bekämpfen. Dadurch gibt man seine moralische Überlegenheit nicht auf. Im Gegenteil, es wäre in höchstem Maße unmoralisch, keine entsprechenden Mittel einzusetzen, um die Guten vor dem Bösen zu schützen.

Nehmen wir einmal an, ich sei eine progressive US-amerikanische Journalistin – wie würde ich über das Problem schreiben, ob die USA Menschen foltern dürfen oder nicht?

Diese Frage haben Sie sich doch bereits selbst beantwortet! Sie haben mir eben auf schönste Weise die Logik moralischen Handelns nach dem progressiven Wertesystem erklärt: Wenn wir einen Verbrecher menschenunwürdig behandeln – ihn bedrohen, schlagen oder auf andere Weisen psychisch oder physisch erniedrigen –, dann sind wir letztlich nicht besser als der Verbrecher selber.

Nun, wir kennen die Mechanismen des politischen Framings: Wir müssen in solchen Frames über Dinge wie Folter sprechen, die auf progressiven Werten basieren. Wir müssen darüber sprechen, wie man als Mensch – und als Nation – moralisch handelt.

Wir sollten zum Beispiel nicht sagen: »Seit dem 11. September 2001 sind wir in einen Kampf mit dem Bösen verwickelt, aber foltern dürfen wir dennoch um keinen Preis.« Weshalb? Weil wir in dem Augenblick in den Köpfen der Menschen einen Frame der konservativen Weltsicht aktivieren: Die Welt ist unterteilt in Gut und Böse, und das Böse bedroht uns. Ist dieser Frame erst einmal erweckt, so folgen unbewusste Schlussfolgerungen im Sinne konservativer Moral. Und die Idee, nicht foltern zu dürfen, ergibt dann keinen Sinn mehr.

Und dennoch beinhaltet das Prinzip »Bekämpfe den Teufel mit seinen eigenen Werkzeugen« ein fundamentales und nicht lösbares Problem: Den Teufel zu foltern mag eine moralische Notwendigkeit sein – was aber, wenn wir den Teufel und den Guten nicht zu unterscheiden wissen und irrtümlich ein unschuldiger Mensch zu Schaden kommt?

Diese Frage ist leicht beantwortet. Die Antwort ergibt sich aus den Prinzipien der *Strenger-Vater*-Moral: Unmoralisches Verhalten des

Kindes darf niemals unbestraft bleiben. Und im Zweifelsfall wird immer bestraft. Es ist besser, einmal zu viel zu bestrafen, als das Risiko einzugehen, unmoralisches Verhalten ungestraft zu lassen. Die ungerechtfertigte Bestrafung ist dann das kleinere Übel, das der *strenge Vater* in Kauf nehmen muss. Es sind notwendige Verluste, die zu erwarten sind, will man das strenge System legitimer Autorität aufrechterhalten.

Und dieses Moralprinzip wird auf die Politik übertragen – außenpolitisch wie innenpolitisch. Es ist besser, einen Unschuldigen zu bestrafen, als einen Schuldigen entkommen zu lassen. Das sind notwendige Verluste, das kleinere Übel im Kampf gegen das Böse. Und solche kleineren Übel werden nicht nur als notwendig begriffen und toleriert, sie werden sogar erwartet.

Innenpolitisch ist dieses Prinzip auf die Todesstrafe anwendbar. In den vergangenen 100 Jahren wurde jährlich durchschnittlich an vier Menschen, die unschuldig waren, die Todesstrafe vollstreckt.

Nur vier?

Laut einer Statistik von Amnesty International.

Nur vier?

Ja, seit dem Jahr 1900 an vierhundertfünfzig Menschen, deren Unschuld im Nachhinein bewiesen wurde.

Ah, bewiesen. Ja. Offiziell.

8.2 »Sind Sie mit uns, oder sind Sie mit den Terroristen?«: Eine Frage der Willenskraft

Neun Tage nach den Anschlägen vom 11. September 2001 sagte George W. Bush: »Jede Nation, in jeder Region, hat jetzt eine Entscheidung zu treffen: Entweder sind Sie mit uns oder mit den Terroristen.«[17] *Welchen Stellenwert hatte es, als Nation dieses politische »Entweder-oder« nicht zu akzeptieren?*

---

17 Address to a Joint Session of Congress and the American People. *The White House*, 20.11.2001 (Internet). Verfügbar unter: http://www.whitehouse.gov/news/releases/2001/09/20010920-8.html [2.9.2007].

Aus Sicht der konservativen US-Regierung konnte es keine Alternative geben: Die USA als moralische Autorität entscheiden, was richtig und was falsch ist, welches die Guten und welches die Bösen sind. Und als Nation unterstützte man entweder das Eine oder das Andere. Ein Drittes gab es nicht.

George W. Bush bezeichnete diejenigen Staaten, die den Irak-Feldzug – militärisch oder politisch – zu unterstützen bereit waren, im November 2002 erstmals als »Coalition of the Willing«. Auf einer Pressekonferenz in Prag sagte er, dass, sollte Saddam Hussein nicht abrüsten, »die Vereinigten Staaten eine ›Coalition of the Willing‹ anführen werden, um ihn zu entwaffnen. Und wenn der Zeitpunkt gekommen ist, dann werden alle unsere Nationen [...] entscheiden können, ob sie teilnehmen wollen oder nicht.«[18]

Das von den USA geführte politische Bündnis als »Coalition of the Willing« zu bezeichnen war eine wirklich interessante Entscheidung. Die Bezeichnung erweckt einen Frame im Sinne der konservativen Weltsicht: Diejenigen Nationen, die sich dem Bündnis anschlossen, verfügten über genügend Willenskraft, sich dem Bösen in der Welt zu stellen – sie waren »willing«, also »willens« oder auch »bereit«. Diejenigen Nationen, die sich dem Bündnis nicht anschlossen, verfügten nicht über genügend Willenskraft, sich dem Bösen zu stellen.

Nun, die Idee des »freien Willens« spielt in der *Strenger-Vater-*Moral eine zentrale Rolle, denn es unterliegt unserem freien Willen, ob wir richtig oder falsch handeln. Und nur, wenn wir über genügend Willenskraft verfügen, werden wir moralisch handeln können: Wir können uns dem Schlechten in der Welt stellen, und wir können unser inneres Schlechtes überwinden. Wenn wir nicht genügend Willenskraft entwickeln, dann sind wir moralisch schwach und geben uns unseren Emotionen hin, anstatt so zu handeln, wie unser Verstand es uns diktiert. Die Frage lautet also: Haben wir einen freien Willen?

Und diesen Gedanken hat George W. Bush in seiner Aussage auch klar ausgesprochen, indem er sagte, alle Nationen könnten sich entscheiden, ob sie sich dem Bündnis anschließen wollten oder nicht. Es war eine Frage ihres freien Willens. Und damit wird es – aus konservativer Weltsicht – zu einer Frage von moralischer Stärke.

---

18 Bush: Join »Coalition of Willing«. CNN.com, 20.11.2002 (Internet). Verfügbar unter: http://edition.cnn.com/2002/WORLD/europe/11/20/prague.bush.nato [2.9.2007].

Inwiefern hat ein freier Wille mit moralischer Stärke im Sinne konservativer Moralvorstellungen zu tun?

Lassen Sie mich kurz erklären, wie Menschen ihren »freien Willen« – der ja eine abstrakte Idee ist – metaphorisch begreifen. Die Idee des »freien Willens« basiert auf einer Metapher, die es bereits seit Hunderten von Jahren gibt: der Metapher von der Gesellschaft des Geistes. Wir begreifen die unterschiedlichen Funktionen unseres Geistes als Personen, die in einer Gruppe zusammengeschlossen sind. Jede Person hat eine bestimmte Aufgabe. Wir haben »Wahrnehmung« als Person: Sie bezieht Informationen von außen. Wir haben »Vorstellungskraft« als Person: Sie fügt die Informationen, die »Wahrnehmung« liefert, zusammen und schreibt ihnen einen Sinn zu. Das, was das Team »Wahrnehmung und Vorstellungskraft« erarbeitet hat, dient »Verstand« als Entscheidungsgrundlage: Es wägt Handlungsalternativen gegeneinander ab und sagt uns, wie wir uns verhalten sollen.

Und nun kommen wir zu dem Helden unserer Geschichte: dem »Willen«. Er ist derjenige aus der Gruppe, der dafür zuständig ist, die Entscheidungen des Verstandes umzusetzen. Das ist sein Job. Und es ist ein harter Job.

Denn es gibt noch eine weitere Person: »Emotion«. Sie will Dinge impulsiv tun und nicht den Vorschlägen von »Verstand« folgen. Sie versucht immerzu, »Willen« dazu zu bringen, dass er impulsiv handelt. Unser »Wille« sitzt also in der Zwickmühle. Er befindet sich in einem ständigen Ringen mit »Verstand« und »Emotion«: Wird er frei sein, sich zu entscheiden, wem er folgt?

Und im Sinne der Konservativen ist es die Aufgabe unseres Willens, unsere Emotionen zu überwinden, so dass wir selbstdiszipliniert handeln. Also ist aus konservativer Weltsicht die Frage: Wird »Wille« es schaffen, »Emotion« zu unterdrücken und das durchzusetzen, was »Verstand« ihm sagt?

So weit, so gut. Aber was bedeutet es für unseren Helden, frei zu sein?

Um frei zu sein, muss unser Wille stark sein. Wenn »Wille« eine *starke Person* ist, dann behält er in jeder Situation die Oberhand über das Handeln. Wenn nun aber unser Held »Wille« ein *Schwächling* ist? Dann sind wir nicht fähig, unsere Emotionen zu kontrollieren und schaffen es nicht, unserem Verstand zu folgen. Uns fehlt die

Willens*kraft*. Es ist also wichtig, einen *starken* – und damit zugleich freien – Willen zu haben. Und darum geht es hier.

Die Frage, ob eine Nation sich der »Coalition of the Willing« anschließt oder nicht, wird zu einer Frage der Willenskraft – schlicht gesagt: der moralischen Stärke.

Hat die Nation die Willenskraft, sich dem Kampf gegen das Böse anzuschließen?

Es ist doch interessant, dass die deutschen Medien die Bezeichnung »Coalition of the Willing« zwar manchmal korrekt als »Koalition der Wollenden« vorwiegend jedoch mit »Koalition der Willigen« übersetzten. Das deutsche »willig« konnotiert nämlich fehlende Willenskraft: Jemand, der willig den Vorgaben eines anderen folgt, ist gefügig – oder gar hörig. Und tatsächlich haben viele Europäer genau in diesem Frame über die von den USA initiierte Koalition gedacht. Diejenigen Länder, die sich der Koalition anschlossen, waren gefügig, die Bündnispartner Großbritannien, Australien und Polen wurden gewissermaßen als den USA hörig betrachtet.

Eine spannende Beobachtung, denn im konservativen Verständnis war ja gerade das Gegenteil der Fall: Großbritannien, Australien und Polen hatten einen stärkeren Willen als Deutschland, denn sie waren bereit, das Böse zu bekämpfen. Und außerdem handelten sie höchst moralisch, weil sie den Entscheidungen der USA folgten: »Father knows best.«

Nun, die deutsche Bezeichnung »Koalition der Willigen« erweckt einen ganz anderen Frame: Die Bündnispartner der USA funktionierten willig innerhalb einer durch die Entscheidungsgewalt der USA geprägten Koalition – und zeigten damit moralische Schwäche.

Hätte Deutschland damals die politische Lage im Sinne einer Strenger-Vater-*Weltsicht verstanden, dann wäre der Begriff womöglich, bedingt durch den anderen Frame, häufiger anders übersetzt worden.*

Denken Sie das?

Ich vermute es zumindest. Was denken Sie?

Nun, es ist jedenfalls nicht auszuschließen. Aber das politische Denken in Deutschland war damals ohne Frage durch eine progressive Moralauffassung bestimmt.

Und so wurde kurzerhand aus einer – konservativ gemeint – »Koalition der Gewillten« eine – progressiv verstanden – »Koalition der Willigen«.

Das ist gut möglich, es würde mich zumindest nicht überraschen.

Im deutschen Wahlkampf 2002 hatte der damalige Bundeskanzler Gerhard Schröder den Irak-Konflikt zum außenpolitischen Wahlkampfthema gemacht und sprach sich unmissverständlich gegen eine militärische Beteiligung Deutschlands am Krieg gegen den Irak aus. Als er die Wahl vom 22. September 2002 gewann, blieb der traditionell übliche Glückwunschanruf des US-amerikanischen Präsidenten aus.

Ja, dieser Anruf blieb damals aus. Und denken Sie an den NATO-Gipfel in Prag im gleichen Jahr, auf dem George W. Bush sich nicht persönlich mit dem deutschen Bundeskanzler traf. Aus der Sicht der konservativen US-Regierung war das konsequent und dringend notwendig: Deutschland hatte sich den Entscheidungen der USA offen widersetzt, folgte nicht den Regeln des strengen Vaters und forderte damit den Status der Vereinigten Staaten als legitimer Autorität in der Welt heraus. In den Augen konservativer US-Amerikaner war das Verhalten Deutschlands in höchstem Maße unmoralisch! Und es erforderte eine Bestrafung Deutschlands durch die USA.

Tatsächlich forderten konservative Journalisten in den Vereinigten Staaten sogar eine – über die diplomatische Arena hinausgehende – wirtschaftliche Bestrafung Deutschlands und riefen die US-Bürger zum Boykott deutscher Waren auf.

Das ist richtig. Zum einen herrschte die Vorstellung, Deutschland – und im Übrigen ja auch Frankreich – ökonomisch bestrafen zu müssen. Zum anderen war es die diplomatische Bestrafung durch die US-Regierung: kein Telefonanruf, kein persönliches Treffen. Also keinerlei diplomatische Zuwendung, sondern ein explizites Abwenden der USA von Deutschland. Die konservative US-Regierung bestrafte das Verhalten Deutschlands durch elterlichen Liebesentzug.

Sie werden nicht ernsthaft behaupten wollen, die USA begriffen europäische Nationen, wie Deutschland und Frankreich, als Kinder.

Sie meinen diejenigen US-Amerikaner, die eine konservative Weltsicht haben?

Ja.

Nun, dann ist die Antwort einfach: Deutschland und Frankreich sind militärisch, ökonomisch und politisch schwächer als die USA. Und wenn es darauf ankommt, dann kann es nur einen *strengen Vater* geben, der als moralische Autorität die absolute Entscheidungsgewalt hat.

Sie widersprechen Ihrem vorhin Gesagten: Als entwickelte *Industrienationen sind Deutschland und Frankreich selbst* Erwachsenen*staaten und damit – so würde ich folgern – zugleich ihre eigene moralische Autorität. Wir mögen in den Augen der konservativen US-Regierung weniger einflussreiche* Freunde *oder* Bekannte *sein, aber doch nicht* Kinder.

Im Verhältnis zu den Entwicklungsländern stellen die europäischen Nationen selbstverständlich – gemeinsam mit den USA – moralische Autoritäten dar. Aber in Relation zu den USA sind sie keine moralischen Autoritäten. Sie sind wohl eher so etwas wie die ältesten Geschwisterkinder in der Familie.

Das erklärt einen Artikel aus dem Jahre 2002, auf den ich vor Kurzem im Archiv der Los Angeles Times *gestoßen bin. Darin wird die Beziehung zwischen Deutschland und den USA unter dem Zeichen des Irak-Konfliktes thematisiert und ein Sprecher des US-Außenministeriums zitiert: Sollte die Bush-Administration nicht standhalten, wenn »the biggest boy in Europe« gegen die USA angehe, dann würde es eine Lawine von Antiamerikanismus geben.*[19]

Da sehen Sie es selbst.

19 No Thaw in German-U.S. Ties. *Los Angeles Times*, 1.11.2002.

9. Damit ihr euch fürchtet: »Habt bloß keine Angst!«: Wie der Terror in unser Gehirn gelangt

9.1 »Räuchert sie aus ihren Löchern!«: Als Terrorismus in unseren Köpfen zur Seuche wurde

Vier Tage nach den Anschlägen vom 11. September 2001 sagte George W. Bush gegenüber Journalisten: »Wir werden diejenigen finden, die das getan haben; wir werden sie aus ihren Löchern räuchern.«[20] *Ein Satz, der am nächsten Morgen die Schlagzeilen in den Medien der Welt beherrschte. Welche Absicht stand hinter der Wortwahl des Präsidenten?*

Es wird Sie nicht überraschen, dass es sich um eine Metapher handelt. Überlegen Sie einmal: Wer lebt in unterirdischen Löchern? Kriechtiere. Schädlinge. Schlangen oder auch Ratten. George W. Bush sprach davon, Terroristen »aus ihren Löchern zu räuchern«. Eine weitere Aussage, die sich einer ähnlichen Metapher bedient, gibt es vom ehemaligen US-amerikanischen Verteidigungsminister Donald Rumsfeld. Er sprach davon, »die Sümpfe, in denen sie leben, auszutrocknen«.

Beide Aussagen machen Terroristen metaphorisch als Tiere begreifbar, und zwar als solche Tiere, die nahe am Erdboden existieren. Folgen Sie der Metapher gedanklich weiter, so werden Terroristen zu *niederen* und damit unmoralischen Lebewesen, gemäß unserem Denken in der Metapher *moralisch* ist *oben* und *unmoralisch* ist *unten*.

Ich biete Ihnen eine schlichtere Erklärung an: Terroristen wie Osama bin Laden halten sich vor ihren Verfolgern und der Welt im Verborgenen. Wir gehen davon aus, dass sich hochrangige Terroristen über lange Zeit in den Berghöhlen Afghanistans versteckt hielten. George W. Bush könnte gemeint haben, was er gesagt hat: »Wir werden sie aus ihren Löchern räuchern.«

Sie übersehen bei Ihrem Vorschlag, dass die Aussage des Präsidenten nur in metaphorischem Sinne schlüssig sein kann. Oder denken Sie wirklich, dass sich US-amerikanische Spezialtruppen in Afghanistan damit aufhielten, Feuer zu legen, ein bisschen Qualm zu machen und

20 President Urges Readiness and Patience. *The White House*, 15.11.2001 (Internet). Verfügbar unter: http://www.whitehouse.gov/news/releases/2001/09/20010915-4.html [2.9.2007].

darauf zu warten, dass die Terroristen sich ergeben? Nein, die Idee des Ausräucherns hat ihren Ursprung in der Schädlingsbekämpfung. Und die Worte von George W. Bush am 15. September 2001 bewirkten, dass in den Köpfen der Menschen in aller Welt ein ganz bestimmtes Bild entstand: die Idee von Terroristen als nichtmenschlichen, niederen Lebewesen.

George W. Bush hat an dieser Sprache festgehalten, zum Beispiel als er 2005 erklärte: »Wir treiben die Terroristen aus ihren Zufluchtsorten. Wir jagen die Terroristen überall auf der Welt.«[21]

Wurde die Verfolgung von Terroristen in unseren Köpfen tatsächlich zur metaphorischen Schädlingsvernichtung?

Nicht nur in unseren Köpfen, sondern in der Realität. Denn Sprache kann unsere Wahrnehmung von der Wirklichkeit bestimmen und wird damit zur Grundlage politischen Handelns. Hat sich erst einmal die Auffassung von Terroristen als niederen Kreaturen in unseren Köpfen gefestigt, so liegt der nächste Schritt, die Rechtfertigung eines inhumanen Umganges mit diesen Menschen, nur einen Steinwurf entfernt. Mit Sätzen wie dem von Ihnen zitierten ist es der Bush-Administration gelungen, den gedanklichen Weg zu einer politischen Agenda zu ebnen: In den Köpfen vieler US-Amerikaner ist es legitim, Terroristen wie Tiere wegzusperren, zu misshandeln und im Zweifelsfall sogar zu töten.

Sehen Sie, wenn Terroristen von uns gedanklich als niedere, als nichtmenschliche Kreaturen begriffen werden: Haben Terroristen dann in unseren Köpfen noch Menschenrechte?

Die Metapher von Terroristen als niederen Lebewesen scheint im politischen Denken der Welt Früchte getragen zu haben. Russlands Präsident Wladimir Putin verkündete nach den terroristischen Anschlägen auf die Moskauer U-Bahn im Februar 2004: »Der Terrorismus ist die Pest des 21. Jahrhunderts.«[22]

21 President Commemorates 60th Anniversary of V-J Day. *The White House*, 30.8.2005 (Internet). Verfügbar unter: http://www.whitehouse.gov/news/releases/2005/08/20050830-1.html [2.9.2007].

22 Viele Tote bei Selbstmordanschlag auf Moskauer U-Bahn. *stern.de*, 6.2.2004 (Internet). Verfügbar unter: http://www.stern.de/politik/ausland/index.html?id=519910&nv=hp_st [2.9.2007].

Ein hervorragendes Beispiel für die Akzeptanz der Metapher. Schauen wir genauer hin: Die Pest war eine Seuche. Was wissen wir von ihr? Nun, sie wurde von Ratten übertragen. Wenn wir also von dem Terrorismus als Pest sprechen, dann werden damit die Terroristen in unseren Köpfen zu Ratten, metaphorisch zu Trägern der Seuche »Terrorismus«.

Kurz nach den Anschlägen sprach George W. Bush von den Terroristen noch als »Feiglingen«[23].

Das ist richtig. Der Versuch, die Terroristen als Feiglinge begreifbar zu machen, war aber von kurzer Dauer, denn es gab ein Problem mit dieser Wortwahl: Das Konzept von Feiglingen kann nicht auf Menschen zutreffen, die sich selbst als Märtyrer begreifen und offenen Auges in den Tod fliegen. Terroristen sind, schlicht gesagt, todesmutig.

Der Versuch, die Attentäter als Feiglinge begreifbar zu machen, musste scheitern, weil die Konzepte von Feigheit und Todesmut in unseren Köpfen nicht zusammenpassen. Doch gerade dieser Umstand sollte unsere Aufmerksamkeit auf eine Frage von großer außenpolitischer Bedeutung lenken: In welcher Weltanschauung wurzelt dieser Todesmut, die Bereitschaft zu sterben?

9.2 Der Verbrecher, der in (seiner) Wirklichkeit ein Idealist war: Im Kopf des Terroristen

Sie meinen, wir sollten uns den Frame der Terroristen ansehen?

Ja. Sehen Sie, es ist nicht nur bedeutsam, wie *wir* die Terroristen begreifen. Es ist politisch wichtig, sich damit auseinanderzusetzen, wie Terroristen sich *selbst* verstehen. Eine entscheidende Frage lautet: Welche gedankliche Realität herrscht in den Köpfen der Menschen, die Terroristen werden? Und wie wird in denjenigen Kulturen über sie gedacht, aus denen sie stammen? Nun, im Denken eines Terroristen ist er ein Idealist. Er gibt sein weltliches Leben auf, seine Familie, seine Gemeinde. Weshalb? Um des Märtyrertums willen.

---

23 Honoring the Victims of the Incidents on Tuesday, September 11, 2001. *The White House*, 12.11.2001 (Internet). Verfügbar unter: http://www.whitehouse.gov/news/releases/2001/09/20010912-1.html [2.9.2007].

Eine wichtige Fragestellung in der Außenpolitik muss also sein: Gibt es einen Weg, in den Ländern, aus denen Terroristen kommen, das Verständnis von Terroristen als Märtyrern zu verändern?

Solche Überlegungen scheinen in der aktuellen Außenpolitik der Vereinigten Staaten keine Rolle zu spielen. Man beschränkt sich in erster Linie darauf, diejenigen Menschen ausfindig zu machen und auszuschalten, die bereits Terroristen sind.

Nun, die heutige außenpolitische Strategie der USA folgt dem Prinzip der »unmittelbaren Kausalität«, was für die konservative Weltsicht charakteristisch ist. Was bedeutet eine gegen den Terrorismus gerichtete Außenpolitik nach diesem Prinzip? Man konzentriert sich auf das Eliminieren von Individuen, der einzelnen Terroristen.

Dass die Entstehung von Terrorismus das Symptom eines komplexen, sozial und religiös geprägten Systems ist, wird dabei weitgehend außer Acht gelassen. Eine pragmatische Auseinandersetzung mit den Ursachen des Terrorismus wäre aber dringend notwendig, und zwar nach dem Prinzip der »systemischen Kausalität«.

Wie würde eine politische Strategie nach dem Prinzip der systemischen Kausalität aussehen?

Nun, neben der Frage: Wie schalten wir Terroristen am besten aus?, würden die zentralen Fragen lauten: Wie werden Menschen zu Terroristen? Wie ist das System beschaffen, in dem Menschen zu Terroristen werden? Um diesen Fragen auf den Grund gehen zu können, müssten die sozialen, politischen und religiösen Grundlagen des Terrorismus untersucht werden.

Wenn wir den Terrorismus ernsthaft bekämpfen wollen, dann müssen wir systemisch und in Langzeitperspektiven denken. Und die zentrale Frage lautet: Auf Grund welcher Bedingungen werden Menschen zu Terroristen? Nun, der Irak-Krieg ist eine perfekte Bedingung. Es gab keinerlei Zweifel, dass man auf diesem Wege Terroristen kreieren würde. Und zwar schnell!

Weshalb?

Ganz einfach, ein christliches Land greift ein islamisches Land militärisch an. Die USA sind – entgegen internationaler Proteste – mit ihrer

Armee in ein islamisches Land eingefallen. Dadurch mehrt man den Terrorismus – vermutlich keine gute Strategie, wenn es das erklärte Ziel ist, den Terrorismus zu bekämpfen!

Sie sprechen davon, dass der Todesmut der Terroristen in einer bestimmten Weltanschauung wurzele. Ich fühle mich zu einer Metapher inspiriert: Wir müssen an das Wurzelwerk heran, anstatt die Triebe niederzutreten?

Falsch, wir müssen einen Boden schaffen, der es der Pflanze erschwert, überhaupt zu wurzeln und der zugleich andere Pflanzen gut gedeihen lässt. Das ist eine komplexe Angelegenheit, aber es ist der einzige Weg, den Terrorismus wirksam zu bekämpfen. Wir müssen die Wurzeln des Terrorismus ihrer gedanklichen und sozialen Nährstoffe berauben. Und ich darf die Metapher noch ergänzen: Wir sind derzeit damit beschäftigt, die Triebe niederzutreten – und verschütten dabei Dünger auf den Boden. Jede Bombe, die – aus einem US-amerikanischen Flugzeug abgeworfen – auf den Boden des Nahen Ostens fällt, ist ein Düngekorn. Und jeder Terrorist, der sich bei einem Attentat umbringt oder von den USA getötet wird, wird zum Märtyrer. Die USA produzieren Märtyrer – schnell und effektiv.

Und spielen damit der al-Qaida in die Hände?

Absolut. Für die al-Qaida und Osama bin Laden ist die Moral der Anschläge vom 11. September 2001 schlicht: US-amerikanische Macht kann gegen die US-amerikanische Nation selbst eingesetzt werden. Je stärker die Militärmaschinerie der USA im Mittleren Osten zuschlägt, desto mehr Schaden fügt sie der US-amerikanischen Nation zu.

Es ist wahrlich eine Milchmädchenrechnung: Ein Terrorist stirbt, und zwei neue wachsen nach! Weshalb? Weil die Kultur, aus der Terroristen kommen, ihre eigene Realität, ihre eigene Weltsicht hat, und diese unterscheidet sich gravierend von der US-amerikanischen. Potentielle Terroristen fahren nicht zusammen vor Schreck und nehmen angesichts der Militärmacht der USA von ihren kriminellen Plänen Abstand. Das anzunehmen wäre ein schwerer politischer Fehler.

Dennoch spiegelt sich diese Sicht auf die Dinge im Sprachgebrauch der konservativen US-Regierung wider. Im August 2005 verkündete George

W. Bush: »Nach dem 11. September 2001 haben wir den Terroristen eine Lektion erteilt.«[24]

Weil er eine *Strenger-Vater*-Weltsicht vertritt. Er denkt im Sinne des konservativen Familienmodells, will bestrafen und »Lektionen erteilen«. Und er versteht nicht, dass die Terroristen schlichtweg anders denken als er.

Wie gesagt, ein potentieller Terrorist, der im Märtyrertum seinen ehrenvollen Weg in den Himmel sieht, lässt sich nicht von seinen Plänen abbringen, schon gar nicht durch die Androhung schlimmer Bestrafung durch die USA.

9.3 Damit ihr euch fürchtet: »Habt bloß keine Angst!« – Die große Wirkung des Wortes »Terror«

Lassen Sie uns noch einmal auf die Metapher vom Terrorismus als Pest zurückkommen. Es scheint mir noch einen weiteren Aspekt dieser Metapher zu geben, nämlich die Unabsehbarkeit des eigenen Todes. Die Pest wurde zu ihrer Zeit auch als der »schwarze Tod« personalisiert, von dem keiner wissen konnte, an welche Haustür er klopfen würde: Wann? Wo? Bei wie vielen? Die Gesellschaft war in Todesangst versetzt.

Genau. Im Englischen – und das ist wichtig zu wissen, damit man den konservativen Sprachgebrauch in den USA nachvollziehen kann – bedeutet das Wort »Terror« schlichtweg »Angst«, und zwar intensive Angst.

Wie funktioniert Terrorismus als politisches Instrument? Durch die Ausübung von Anschlägen, und zwar solchen Anschlägen, die in besonderem Maße Angst und Schrecken verbreiten. Primäres Ziel des Terrorismus ist es nicht, eine möglichst hohe Anzahl von Menschen zu töten. Sein Ziel ist es, Gesellschaften in einen andauernden Angstzustand zu versetzen. Seine politische Macht liegt in der Verbreitung von Todesangst.

Sie sagen, es sei nicht primäres Ziel der Terroristen, zu töten, sondern Gesellschaften mit einer kollektiv gefühlten Angst vor dem Tode zu infizieren?

---

24 President Commemorates the 60th Anniversary of V-J Day. *The White House*, 30.8.2005 (Internet). Verfügbar unter: http://www.whitehouse.gov/news/releases/2005/08/20050830-1.html [2.9.2007].

Ja, und beachten Sie die Wortwahl in Ihrer Frage: Sie sprechen von infizieren. Sie nutzen die Metapher von der Nation als Person. Tatsächlich sind die USA in unseren Köpfen – metaphorisch – eine Person, die sich seit dem 11. September 2001 um 8:46 Uhr in einem anhaltenden Angstzustand vor einem möglichen Tode befindet. Der – metaphorische – Tod der USA bedeutet den Untergang der US-amerikanischen Nation an sich, im politischen und gesellschaftlichen Sinne, mit ihren Werten und Idealen.

Während man in Europa noch geneigt ist, von einem »Kampf gegen den Terrorismus« zu sprechen, hat sich in den USA die Bezeichnung »Krieg gegen den Terror« als vorherrschende Formulierung durchsetzen können. Nähme man die Konservativen beim Wort, so führten sie einen »Krieg gegen die Angst«.

Ja, mit dem »Krieg gegen den Terror« hat George W. Bush am Abend des 11. September 2001 buchstäblich einen Krieg gegen die Angst ausgerufen. Vielleicht ist Ihnen aufgefallen, dass es in den USA zunächst zwei unterschiedliche sprachliche Versionen dieses sogenannten Krieges gab: den »Krieg gegen den Terror« und den »Krieg gegen den Terrorismus«. Nicht ohne Grund ziehen die Konservativen es vor, vom »Krieg gegen den Terror« zu sprechen. Und die Progressiven begehen den Fehler, die Sprache der Konservativen zu übernehmen.

Heißt das, dass die drei Buchstaben »-ism« einen wesentlichen Unterschied in dem erweckten gedanklichen Konzept machen?

Aber natürlich! Der Unterschied ist erheblich. Sehen Sie, Terrorismus bezeichnet das, was wir tatsächlich global bekämpfen – wenn auch nicht militärisch bekriegen – müssen: das Phänomen des Terrorismus, und zwar ansetzend an seinen Ursachen.

Politiker und Journalisten gebrauchen die Begriffe »Terror« und »Terrorismus« meist unterschiedslos. Sie scheinen also ohne Sinnveränderung austauschbar benutzt werden zu können.

Da muss ich Ihnen sagen, Sie täuschen sich. Während »Terrorismus« ein politisches Phänomen bezeichnet, benennt »Terror« eine Emotion, die als Resultat terroristischer Aktivitäten den Menschen innewohnt.

Terror ist der gefühlte Angstzustand, der durch das Terrorisieren einer Person oder Nation hervorgerufen wird. Er ist das, was die US-Amerikaner nach den Anschlägen vom 11. September 2001 empfunden haben. Er ist das, was die Spanier nach den Anschlägen vom 11. März 2004 und die Briten nach den Londoner Anschlägen vom 7. Juli 2005 empfunden haben.

Der »Terrorismus« ist ein der US-amerikanischen Nation externes Phänomen. Der Begriff »Terror« aber bezeichnet einen durch Terrorismus erzielten oder angestrebten Zustand einer Nation, die empfundene Angst. Und durch den Begriff »Terror« wird dieses den Menschen innewohnende Gefühl der Angst aktiviert – in welchem Zusammenhang auch immer er genannt wird.

Wenn ich Sie richtig verstehe, so behaupten Sie: Der durch die Bush-Administration ausgerufene »Krieg gegen den Terror« zielt auf eine Steigerung des national gefühlten Terrors – der national gefühlten Angst – ab.

Exakt. Die Bezeichnung »Krieg gegen den Terror« hat nicht das Ziel, jemandem die Angst zu nehmen; sie dient dem Ziel, Angst zu schüren. Dahinter steht ein simpler kognitiver Mechanismus. Nehmen wir an, Sie sagen einem Menschen: »Hab keine Angst!« Was passiert? Der Mensch bekommt Angst. Denn das Negieren eines Frames erweckt den Frame. Mit anderen Worten: Um das Verneinen einer Idee gedanklich zu erfassen, muss Ihr Gehirn zunächst einmal die Idee selbst aufrufen. Um *nicht* an Angst zu denken, muss Ihr Gehirn sich also klarmachen, was das Konzept »Angst« bedeutet. Nämlich zum Beispiel, dass es eine akute Bedrohung gibt, die Angst auslösen könnte. Sagen Sie den US-Amerikanern und der Welt oft genug: »Krieg gegen den Terror!«, so ist das ein sicheres politisches Mittel, um ein Gefühl von Terror, also von Angst, permanent aufrechtzuerhalten.

Das ist aber doch ein offensichtliches Paradoxon: Der Kampf gegen den Terrorismus hat das erklärte Ziel, die Bedrohung von US-Bürgern durch terroristische Anschläge einzudämmen. US-Amerikaner sollen nicht länger Angst vor Gewalttaten durch Terroristen haben müssen. Gleichzeitig, so behaupten Sie, fungiert die mit der entsprechenden Politik einhergehende Sprache als »emotionaler Unruhestifter« im Volk, der jene Angst schürt, von der die Nation letztendlich befreit werden soll?

Aus Ihrer Sicht mag das ein Paradoxon sein. Aus Sicht der Konservativen bedeutet es moralische Politik. Angst aktiviert das Bedürfnis nach einer starken Führerfigur, nach einer Vaterfigur mit absoluter Entscheidungsgewalt, die sich schützend vor die Nation stellt. Mit anderen Worten: Angst aktiviert in uns die konservative Weltsicht, das *Strenger-Vater*-Modell.

Das Schüren der Angst durch Begriffe wie »Krieg gegen den Terror« folgt einem politischen Ziel: der Stärkung der konservativen Partei. Solange Sie einen Angstzustand in der Nation aufrechterhalten, so lange werden die Bürger – unbewusst – nach einer absoluten moralischen Autorität verlangen, die sie gegen das Böse in der Welt verteidigt.

Nicht ohne Grund beginnen noch heute, sechs Jahre nach den Anschlägen vom 11. September 2001, viele Reden konservativer Politiker mit Worten wie: »9/11 hat unsere Nation verändert.« Es ist beinahe amüsant zu beobachten, wie selbst Reden zur Steuerpolitik und anderen innenpolitischen Themen sinngemäß mit Sätzen beginnen wie: »9/11 hat Angst und Schrecken über jeden US-Amerikaner gebracht, wir sollten die Steuern senken!«

9.4 Der Tod der Towers: Wie die Todesflieger vom 11. September 2001 Menschen auf der ganzen Welt »wehtaten«

Fünf Tage nach den Anschlägen vom 11. September 2001 schrieben Sie in einem Artikel: »Die Menschen, die das getan haben, gelangten direkt in mein Gehirn, sogar aus 3000 Meilen Entfernung. [...] Um den Geschehnissen einen Sinn zu geben, musste mein Gehirn sich verändern. Und es veränderte sich – unter Schmerzen, Tag und Nacht. [...] Die Symbole hatten in den emotionalen Zentren meines Gehirns gelebt. Indem sich ihre Bedeutung veränderte, fühlte ich emotionalen Schmerz.«[25] Auf welche Weise fügten Ihnen die Eindrücke der Anschläge realen emotionalen Schmerz zu?

Nun, zunächst einmal hat das damit zu tun, wie wir Gebäude begreifen. Die World Trade Towers waren in unseren Köpfen nicht einfach nur Dinge aus Stahl und Beton. Unsere Gehirne konzeptualisieren Gebäude metaphorisch auf verschiedene Arten, zum Beispiel als Men-

25 G. Lakoff: Metaphors of Terror. *University of Chicago Press*, 16.11.2001 (Internet). Verfügbar unter: http://www.press.uchicago.edu/News/911lakoff.html [2.9.2007].

schen: Wir sprachen über die World Trade Towers als *Zwillings*türme, Gebäude können *benachbart* sein und so fort. Ein aufrechtes Gebäude ist wie eine aufrecht stehende menschliche Gestalt, die Fenster sind Gesichtszüge – Augen, Nase und Mund. Menschen auf der ganzen Welt sahen das Bild von dem zweiten Flugzeug, das in den Südturm schoss. Ohne sich dessen bewusst zu sein, begriffen sie den Anschlag als Attentat auf einen Menschen. Das Flugzeug schoss in den *Kopf* des Turmes wie eine Pistolenkugel. Durch den Einschlag quoll Feuer heraus. Durch die Metapher *Gebäude* sind *Personen* begriffen wir das herausquellende Feuer unbewusst als *Blut*, das aus dem *Kopf* des getroffenen Gebäudes quoll. Das Einstürzen der Türme war das Zusammenbrechen zweier menschlicher Körper. Und dieses metaphorische Begreifen der World Trade Towers als Personen – zusammen mit den Mechanismen menschlicher Empathie – führte dazu, dass Menschen auf der ganzen Welt, die vor Fernsehern saßen und die schrecklichen Bilder sahen, automatisch mit den World Trade Towers »mitfühlten«.

Wir beobachteten am 11. September 2001 – metaphorisch – einen Angriff auf zwei Menschen, und auf Grund von Spiegelneuronen empfanden wir den Horror der Situation physisch nach?

Und sind uns dessen nicht bewusst. Das ist Teil der Macht der Fernsehbilder gewesen, die Menschen auf der ganzen Welt tief berührten und in Schrecken versetzten. Durch die neuronalen Verbindungen der Spiegelneuronen zu den emotionalen Zentren unseres Gehirns versetzten die Bilder des Anschlags uns selbst in physischen Schmerz. Wir fühlten nach, wie die Türme – metaphorisch Menschen – tödlich getroffen wurden. Wir fühlten nach, wie sie später zu Boden stürzten. Die Bilder vom 11. September 2001 fügten den Menschen in New York und den Milliarden Menschen vor den Bildschirmen physischen Schmerz zu. Und die Bedeutung der World Trade Towers änderte sich in unseren Gehirnen umso stärker, je öfter wir die Bilder im Fernsehen gezeigt bekamen.

Konkrete Todesangst ist in den USA zu einer gesellschaftlichen Realität geworden. Nach den Anschlägen vom 11. September 2001 begannen US-Bürger selbst in kleinen Ortschaften des mittleren Westens der USA, sogenannte

Terror Attack Survival Kits zu kaufen und an ihre Familienmitglieder zu verteilen.

Ja, das stimmt – und es ist vollkommen lächerlich. Die Wahrscheinlichkeit für einen US-Amerikaner, Opfer eines Terroranschlages zu werden, ist um ein Tausendfaches geringer als die Wahrscheinlichkeit, bei einem Autounfall zu sterben. Und dennoch haben mittlerweile viele US-Bürger eine reale Angst, durch einen terroristischen Anschlag ums Leben zu kommen. Man wappnet sich gegen einen möglichen Angriff durch die al-Qaida, indem man sogenannte Terror Attack Survival Kits für sich und die gesamte Familie kauft – und man schnallt sich nicht an, wenn man dazu zum Einkaufen in den Supermarkt fährt. Eine für den Zuschauer wahrlich amüsante Szene!

Ist das nicht einfach nur reguläre Hysterie nach dem Schock des 11. September 2001?

Nein, das glaube ich nicht. Zwei Dinge sind hier entscheidend: zum einen der Effekt sogenannter Salient Exemplars, herausragender Ereignisbeispiele. Dieses Phänomen wurde von den Psychologen Daniel Kahneman und Amos Tversky entdeckt und hat mit der Einschätzung von Wahrscheinlichkeiten zu tun. Sie haben herausgefunden, dass besonders prominente Beispiele von Ereignissen einen Menschen dazu bringen, das Eintreten eines solchen Ereignisses für sich selbst als ungleich wahrscheinlicher einzustufen, als es faktisch ist. Also: Je gegenwärtiger die Bilder der Anschläge vom 11. September 2001, je häufiger die Bilder der einstürzenden Towers in den Medien gezeigt werden, desto höher die gefühlte Wahrscheinlichkeit in der Bevölkerung, selbst einmal Opfer eines terroristischen Anschlags zu werden. Indem wir uns immer wieder die Bilder des einstürzenden World Trade Center ansehen, in dem fast 3000 Menschen den Tod fanden, blenden wir gedanklich die Millionen von US-Amerikanern aus unserer Wahrnehmung aus, die an diesem Tage *nicht* in den Towers waren.

Das Gleiche gilt übrigens für das Lottospielen. Weil im Fernsehen immer nur über diejenigen Menschen berichtet wird, die im Lotto gewonnen haben, stufen wir unsere Chancen auf einen Gewinn viel höher ein, als sie wirklich sind. Über die vielen, vielen Menschen, die nicht gewonnen haben, gibt es keine mediale Berichterstattung. Sie gelangen nicht in unser Bewusstsein.

Sie sagten, es gebe zwei Gründe für die unverhältnismäßige Angst vieler US-Amerikaner, durch terroristische Anschläge zu sterben. Einen haben Sie genannt, das Salient Exemplar. Welches ist der andere?

Der zweite Grund steht im Zusammenhang mit dem Framing der Ereignisse vom 11. September 2001 durch die konservative Regierung.

Und zwar handelt es sich um ein simples kategorisches Denkmuster: Wenn Sie wirklich daran glauben, dass die USA in einem Krieg unter Angriff stehen, und Sie sind ein US-Amerikaner, dann stehen Sie persönlich unter Angriff.

Moment mal, wollen Sie etwa behaupten, es habe keinen realen Anschlag auf die USA durch Terroristen gegeben?

Natürlich gab es einen Anschlag. Doch ein Anschlag macht noch keinen Krieg.

10. … und plötzlich war es Krieg: Die Erfolgsgeschichte einer Todesmetapher

10.1 Ein Anschlag macht noch keinen Krieg: Die Metapher vom Krieg gegen den Terror

Wollen Sie sagen, der »Krieg gegen den Terror« sei eine Erfindung?

Nun, interessanterweise ließ sich in den Stunden unmittelbar nach den Anschlägen vom 11. September 2001 genau beobachten, wie man in Washington auf der Suche nach einer passenden Sprache, einem geeigneten gedanklichen Frame für die Ereignisse war. In den ersten Stunden wurde von einem »Verbrechen«, von »Opfern« und von »Tätern« gesprochen, auch davon, die Täter zu »bestrafen« und »Gerechtigkeit walten zu lassen«. Nach einigen Stunden veränderte sich die Sprachregelung dann merklich. Die konservative Regierung redete auf einmal von »Verlusten«, von »Feinden«, und »Kampfmaßnahmen«. Und sogar von »War Powers«, also besonderen Verfügungsgewalten des Präsidenten auf Grund einer Kriegssituation.

Ein linguistisches Detail. Welchen Unterschied macht es, ob die US-amerikanische Regierung von den tatsächlich umgekommenen US-Bürgern als »Opfern« oder als »Verlusten« spricht?

Was Sie als linguistisches Detail bezeichnen, war ein Sprachmoment von höchster politischer Relevanz, der bis zum heutigen Tage die internationale Antiterrorismuspolitik wesentlich bestimmt. Es machte einen enormen Unterschied, ob man die Toten vom 11. September 2001 als »Opfer« oder »Verluste« bezeichnete, denn die beiden Begriffe rufen völlig unterschiedliche Frames auf. Die kollektive Wahrnehmung der am 11. September 2001 erlebten Ereignisse war durch die gewählte Sprache der US-Regierung steuerbar.

Welcher kognitive Mechanismus steht dahinter?

Es hat mit unserer unbewussten gedanklichen Erfassung von Ideen zu tun. Sie erinnern sich, ungefähr 80 Prozent unseres Denkens laufen unbewusst ab!

Das funktioniert folgendermaßen: Nehmen wir an, wir hören das Wort »Opfer«. Unser Gehirn durchläuft automatisch eine Reihe von Sinnzusammenhängen und ruft gespeichertes Wissen über einzelne Elemente des Frames ab. Wenn wir ein *Opfer* haben, dann gab es einen *Täter* und ein *Verbrechen*. Und es folgt eine ganze Reihe von nichtreflektierten, gedanklichen Schlussfolgerungen. In den Frame gehören zum Beispiel Konzepte wie *Recht, Gerichte, Anwälte, Prozesse, Verurteilungen* und *Vollstreckungen*. Was wissen wir noch? Nun, man kann Verbrechen nicht nur bestrafen. Man kann Verbrechen auch durch Präventivmaßnahmen verhindern. Und vieles mehr.

Der springende Punkt ist, dass, wenn wir das Wort »Opfer« hören, all dieses Wissen aktiviert wird zur gedanklichen Erfassung des Konzepts. Hören wir ein einzelnes Wort aus einem Frame, so wird notgedrungen der gesamte Frame aktiviert.

Damit würden die Anschläge vom 11. September 2001 allein durch das Bezeichnen der getöteten US-Amerikaner als »Opfer« in unseren Köpfen zu einem Verbrechen.

Schauen wir uns jetzt die andere Bezeichnung an: Verluste. Das Wort »Verluste« ist, genau wie die Bezeichnung »Opfer«, als Teil eines Frames physisch in unserem Gehirn präsent. Um das Konzept zu verstehen, ordnet unser Gehirn es, wiederum von uns völlig unreflektiert, in einen Zusammenhang mit anderen Ideen ein, die allesamt Elemente des Frames *Krieg* sind. Wir haben *Armeen, feindliche Staaten, Schlachten* und *Fronten*. Einen Krieg kann man gewinnen oder verlieren, man kann mit Alliierten militärische Bündnisse eingehen. Man kann Friedensabkommen schließen.

Und so wurden die Anschläge vom 11. September 2001 – durch das Bezeichnen der getöteten US-Amerikaner als Verluste – in unseren Köpfen zu einer Kriegshandlung.

Richtig. Durch das schlichte Wort »Opfer« oder »Verluste« wird je nachdem ein vollkommen anderes Verständnis des terroristischen Anschlags vom 11. September 2001 in unserem Gehirn aufgerufen. Unsere Wahrnehmung dessen, was an jenem Tag passiert war, konnte durch die benutzte Sprache gesteuert werden. Und je häufiger wir Begriffe des einen oder anderen Frames hörten oder selbst nutzten, desto stärker verankerte sich der Frame in unseren Gehirnen. Die Administration entschied sich für den Frame *Krieg*. Und machte die USA damit zu einer Nation, die sich – metaphorisch! – in einem Krieg befindet.

Der *Krieg gegen den Terror* ist eine Metapher. Er war in unseren Köpfen nicht existent bis zu dem Zeitpunkt, als die Administration ihn ausrief.

Am 15. Februar 2007 hielt George W. Bush eine Rede über die Fortschritte im »globalen Krieg gegen den Terror« und sagte über den pakistanischen Präsidenten Pervez Musharraf: »Er ist ein Alliierter im Krieg gegen den Terror, und es liegt in unserem Interesse, ihn zu unterstützen.«[26]

Die USA führen nun seit sechs Jahren einen »Krieg gegen den Terror«, haben »Alliierte« und »Feinde« – außenpolitische Realitäten, die auf einer schlichten Metapher beruhen?

Ja, *Krieg gegen den Terror* war eine von der damaligen Regierung gewählte und durch die Medien verbreitete Metapher. Überlegen wir einmal: Was ist ein wirklicher Krieg? Eine militärische Auseinandersetzung zwischen mindestens zwei Nationen. Das Konzept des Krieges beinhaltet, dass es eine feindliche Nation gibt, gegen die wir mit militärischer Macht kämpfen und die wir besiegen wollen. Nehmen wir einmal an, dass die USA eine der beiden Nationen ist, so stellt sich doch die Frage: Wo ist die zweite Kriegspartei, die feindliche Nation? Wo liegt *Terrorland*, in das unser Militär einmarschieren muss? Wo steht die *Terrorlandarmee*? Wir haben eben darüber gesprochen, dass Terror ein der Nation innewohnendes Gefühl ist. Ein Krieg zwischen einer Mhhilitärmacht, also den USA, und dem dieser Nation eigenen Gefühlszustand »Terror« kann nur metaphorisch verstanden werden. Sie können die Emotion »Terror« nicht militärisch bekämpfen und auch keinen Friedensvertrag mit ihr schließen.

Wie verhält es sich mit der Bezeichnung »Krieg gegen den Terrorismus«? Wäre nicht ein »Krieg gegen den Terrorismus« ein Krieg im eigentlichen Sinne, da Terrorismus, wie Sie selbst sagen, ein der Nation externes Phänomen ist?

---

26 President Bush Discusses Progress in Afghanistan, Global War Against Terror. *The White House*, 15.2.2007 (Internet). Verfügbar unter: http://www.whitehouse.gov/news/releases/2007/02/20070215-1.html [13.08.2007].

Nein. Auch *Krieg gegen den Terrorismus* ist eine Metapher. Wie viele Terroristen gibt es auf der Welt: Hunderte? Sicherlich. Tausende? Vielleicht. Eine ganze Nation voll, mit geografischer Staatsgrenze und Hauptstadt? Ganz sicher nicht. Terroristen sind einzelne Menschen, keine Nationen. Krieg ist eine militärische Auseinandersetzung zwischen Staaten.

Und doch ist es gängig, die Auseinandersetzung mit Problemen aller Art als Krieg zu bezeichnen, »Krieg gegen die Armut« zum Beispiel oder »Krieg gegen den Hunger«. Ist die sprachliche Konzeptualisierung des Problems »Terrorismus« als Krieg durch die Konservativen nicht einfach ein Mittel, den abstrakten Gegner »Terrorismus« für das Volk gedanklich fassbar zu machen?

Es stimmt, dass wir Sprache aus der Domäne *Krieg* benutzen, um uns über die Auseinandersetzung mit abstrakten Problemen zu verständigen. Bleiben wir bei Ihrem Beispiel »Krieg gegen die Armut«. Man kann etwa sagen: »Die letzte *Schlacht* im *Krieg* gegen die Armut in Afrika ist noch nicht geschlagen«, oder: »Leider konnte die Armut in Afrika noch nicht *besiegt* werden.« Worte wie »Schlacht« oder »Sieg« haben ihren Ursprung im Konzept des Krieges. Wir entleihen sie, um über ein abstraktes Phänomen nachzudenken und zu kommunizieren. Allerdings haben diese metaphorischen Kriege keine realen militärpolitischen Folgen. Die USA oder Europa entsenden im Krieg gegen die Armut in Afrika keine Truppen. Es rollen keine Panzer in afrikanische Armutsgebiete ein.

Metaphorische Kriege haben keine Truppen, keine Bomben und keine Toten. *Krieg gegen den Terrorismus* ist zwar eine Metapher. Doch infolge dieses metaphorischen Krieges werden Truppen entsandt, fallen Bomben, sterben Menschen.

Die USA haben tatsächlich im Zuge des »Krieg gegen den Terror« erst im Jahr 2001 Afghanistan und dann im Jahr 2003 den Irak militärisch angegriffen. Wurde damit nicht der metaphorisch zu verstehende Krieg gegen den Terror *zu einem realen Krieg?*

Sehen Sie, die Antwort auf Ihre Frage liegt in Ihrer Frage selbst. Ich habe Sie nicht sagen hören: »Wir haben den Terror militärisch angegriffen.«

Wenn man beide Kriege bei ihrem eigentlichen Namen nennen würde, dann müsste es heißen: »Krieg gegen Afghanistan« und »Krieg gegen den Irak«. Beides sind tatsächliche Kriegszüge im eigentlichen Sinne der Wortbedeutung gewesen. Doch diese Länder, die wir angegriffen haben, sind weder die Terroristen noch der Terrorismus, geschweige denn der Terror.

10.2 Eine unendliche Geschichte: Der Krieg, der nie gewonnen werden konnte, weil er keiner war

Wie können die USA den Krieg gegen den Terror *gewinnen, wenn er doch nur eine Metapher ist?*

Das ist eine interessante Frage, die Sie da stellen. Die Antwort lautet: Wir können diesen Krieg nicht gewinnen. Wie soll man eine gegnerische Kriegspartei besiegen, die nicht existiert? Wie einen Friedensvertrag mit dem Terror, unserer buchstäblichen Angst, schließen?

Das sieht nach einem strategischen Fehler der US-amerikanischen Regierung aus: Weshalb einen Krieg erklären, den man nicht gewinnen kann?

Dafür gibt es eine Reihe von Gründen. Zunächst einmal schürt der gedachte Kriegszustand die Angst im US-amerikanischen Volk und ist damit ein Rezept, die Konservativen an der Macht zu halten.

Zweitens befinden sich die USA nun, da der Frame *Krieg* akzeptiert wurde, in einem nationalen Ausnahmezustand und werden von einem Präsidenten mit außerordentlichen staatlichen Vollmachten geführt. Wir haben also einen *Oberbefehlshaber*, wie George W. Bush sich gerne nennt, und die USA werden zum *Militärcamp*. Nun, das Militär ist eine *Strenger-Vater*-Organisation par excellence. Es ist gekennzeichnet durch hierarchische Strukturen, absolute Befehlsgewalt, Gehorsam gegenüber den Autoritäten. Gehorsam wird belohnt, Ungehorsam hart bestraft. Die USA sprachlich als Militärcamp begreifbar zu machen bedeutet, die konservative Moral in den Köpfen der Menschen zu aktivieren: Man bringt die Bevölkerung dazu, im Sinne der *Strenger-Vater*-Moral über die Nation und ihre politische Führung zu denken.

Und drittens räumt ein Krieg der konservativen Regierung Freiheiten ein, die zu Friedenszeiten nie und nimmer vorstellbar wären. Der Kriegszustand ermöglicht es der Regierung, innenpolitische Langzeitziele umzusetzen. Innenpolitik – von der Energiepolitik über die Sozialpolitik bis hin zur Einwanderungspolitik – findet unter den Konservativen fast nur noch im Namen der »nationalen Sicherheit«, des »Kriegs gegen den Terror« statt. Und nicht zuletzt konnten auf diese Weise eine Reihe außenpolitischer Ziele umgesetzt werden, zum Beispiel der Kriegszug gegen den Irak. Dieser Krieg, der in erster Linie der Befriedigung nationalen Eigeninteresses diente, war ja bereits 1997 von den Mitgliedern der neokonservativen Organisation *Project for the New American Century* vorgeschlagen worden, die sich für eine globale militärische Vormachtstellung der USA einsetzt. Entsprechende Dokumente wurden damals von Politikern unterzeichnet, die später Mitglieder der Bush-Administration wurden, wie Dick Cheney und Donald Rumsfeld. Nach dem 11. September 2001 machte man den Irak einfach zur – gedanklichen und tatsächlichen – Front im *Krieg gegen den Terror.*

Ein letzter Grund für den Frame *Krieg* hat mit der politischen Opposition zu tun: Wenn wir uns gedanklich darauf einlassen, dass die USA in einen Krieg verstrickt sind, dann ist jeder, der sich gegen eine Politik im Namen des »Kriegs gegen den Terror« ausspricht, unpatriotisch. Er wird in unseren Köpfen zum Landesverräter, der sich gegen die dringend notwendige Verteidigung der unter Angriff stehenden eigenen Nation ausspricht.

10.3 Was auch immer Sie tun, sagen Sie niemals: »Ich bin gegen den ›Krieg gegen den Terror‹!«

Sie raten den Progressiven in den USA: »Sagt niemals, aber auch niemals, Ihr wäret gegen den ›Krieg gegen den Terror‹!« Weil sie sonst in den Köpfen der US-Amerikaner zu Landesverrätern werden?

Nein, das ist nicht der primäre Grund. Das Entscheidende dabei ist, dass sie damit die Metapher vom »Krieg gegen den Terror« in den Köpfen der Menschen am Leben erhalten! Einen Frame zu negieren bedeutet, ihn zu aktivieren! Mit solchen Aussagen helfen die Progressiven also – ohne es zu merken – den Konservativen, ihre Metapher vom Kriege zu propagieren.

Dennoch sprechen Progressive in den USA, von Howard Dean bis George Soros, davon, dass sie gegen den »Krieg gegen den Terror« sind. Was sollen sie auch sonst sagen, da sie doch nun einmal gegen diesen Krieg sind?

Nun, zunächst einmal sollten sie sagen, dass der *Krieg gegen den Terror* eine Metapher ist und kein wirklicher Krieg. Dass aber auf Grund dieser Metapher tatsächliche Kriege geführt werden und Menschen sterben. Was weiter? Man muss einen alternativen sprachlichen Frame anbieten: Die Ereignisse vom 11. September 2001 waren ein Verbrechen. Wir müssen beginnen, über sie als Verbrechen zu sprechen, damit die Menschen in einem alternativen Frame über die Ereignisse vom 11. September 2001 denken können.

Sehen Sie, selbst der Republikaner Colin Powell, der im Jahre 2001 noch Außenminister war, wies den Präsidenten darauf hin, dass die Idee einer Kriegshandlung nicht auf die terroristischen Anschläge passe. Er sprach sich dafür aus, die Anschläge als Verbrechen zu bezeichnen. Sein Rat wurde nicht befolgt.

Mit anderen Worten: Erst indem wir über die Anschläge vom 11. September 2001 als Verbrechen sprechen, können wir über sie als Verbrechen denken?

Ja, und damit die tatsächliche Politik – also unser Handeln als Nation – ändern. Das Begreifen von Terroristen als Verbrechern kann den Weg zu einer ganz anderen, wirklich effektiven Antiterrorismuspolitik ebnen: Die Methoden internationaler Verbrechensbekämpfung haben sich bisher als der erfolgreichste Weg erwiesen, den Terrorismus zu bekämpfen. Man überprüft Bankkonten, hört Gespräche ab, rekrutiert Spione und Informanten, betreibt Diplomatie und kooperiert mit den Geheimdiensten anderer Regierungen. Und dann, wenn nötig, führt man begrenzte polizeiliche Aktionen durch.

10.4 Der Diktator aus dem Erdloch: Die Festnahme Saddam Husseins und der Irak-Krieg

Im Dezember 2003 nahmen US-amerikanische Soldaten den gestürzten Diktator des Irak, Saddam Hussein, fest. Er hatte sich in einem Erdloch nahe seinem Heimatort Tikrit versteckt gehalten. Die Bilder von der Festnahme zeigten, wie er von Soldaten des US-Militärs aus dem Erdloch hervorgeholt wird. »Endlich! Saddam aus Erdloch gezerrt«[27], titelte damals die deutsche Boulevardzeitung Bild *Köln.*

27 Endlich! Saddam aus Erdloch gezerrt. *Bild Köln*, 15.12.2003.

Nun, die Festnahme Saddam Husseins zwei Jahre nach den Anschlägen vom 11. September 2001 ist ein interessanter Fall. Schlagzeilen, wie die eben von Ihnen zitierte, bestimmten damals das Medienecho nicht nur in Deutschland, sondern weltweit. Der Umstand, dass sich Saddam Hussein unter der Erde verborgen gehalten hatte, dass man ihn aus seinem Erdloch herausziehen musste, war zentrales Moment der Berichterstattung in nahezu allen medialen Beiträgen. Das von der US-amerikanischen Regierung veröffentlichte Bildmaterial fügte sich hervorragend in folgendes gedankliche Konzept ein: die Metapher vom Terroristen als niederem Lebewesen und die Jagd und Vernichtung solcher Lebewesen durch die USA und ihre Alliierten.

Die Parallelen zwischen der Aussage von George W. Bush, »Wir werden sie aus ihren Löchern räuchern«, und den Umständen der Festnahme Saddam Husseins sind erstaunlich. Die Bilder von der Festnahme fügten sich in unseren Köpfen hervorragend in die publikgemachte Metapher von *Terroristen* als *niederen Lebewesen* ein.

Was aber ist dabei besonders interessant? Führen wir uns vor Augen, dass Saddam Hussein mit dem Terrorismus der al-Qaida faktisch nicht das Geringste zu tun hatte!

Ein Großteil Ihrer Landsleute hätte Ihnen an dieser Stelle vor drei Jahren noch widersprochen: Laut einer Meinungsumfrage der University of Maryland *glaubten im April 2004 rund 80 % der Befragten, al-Qaida habe von der irakischen Regierung substantielle Unterstützung erhalten.*

Eine erwiesene Unwahrheit. Im Jahre 2002 wurde die *9/11 Commission* ins Leben gerufen. Aufgabe der Kommission war es, die Drahtzieher hinter den Anschlägen auf das World Trade Center und das Pentagon zu ermitteln. Bereits 2004 kam man zu dem Ergebnis, dass es bei den Anschlägen vom 11. September 2001 zu keinem Zeitpunkt eine Zusammenarbeit zwischen dem Irak und al-Qaida gegeben hat.

Eine Divergenz zwischen gesellschaftlicher Wirklichkeitsauffassung und faktischen Gegebenheiten, die erhebliche Folgen hatte. Die USA haben trotz internationaler Kritik mit beachtlicher Zustimmung der US-amerikanischen Bevölkerung im Jahre 2003 den Angriffskrieg gegen den Irak geführt und ihn als Teil des »Krieg gegen den Terror« dargestellt.

Nach dem Bericht der unabhängigen Expertenkommission muss sich doch in den Köpfen der US-amerikanischen Bevölkerung schlagartig etwas geändert haben!

Nein, es konnte sich in den Köpfen der US-Amerikaner nichts schlagartig ändern. Denn der Krieg gegen den Irak wurde von der konservativen Administration sprachlich so vorbereitet, dass in den Köpfen vieler US-Amerikaner die Ideen »Irak« und »al-Qaida« zu Elementen ein und desselben Frames wurden: des *Kriegs gegen den Terror*.

Seit Juni 2004 verfügten die Konservativen dabei übrigens über eine dezidierte Anleitung ihres Sprachexperten Frank Luntz. In einem neunseitigen Memo legte er ihnen dar, wie der Irak-Feldzug sprachlich umzusetzen sei. Und zwar unter dem Motto: »Ihr greift den Irak militärisch an? Hier ist die Sprache, die ihr dazu braucht!«

In dem Dokument mit dem Titel *Communicating the Principles of Prevention and Protection in the War on Terror*, das übrigens im Internet jedem zugänglich ist, steht wörtlich geschrieben: »Wenn ihr über den Krieg gegen den Irak sprecht, dann nennt ihn niemals ›Krieg gegen den Irak‹; nennt ihn ›Krieg gegen den Terror‹.« Ein weiterer Ratschlag lautet: »Jede Rede über unsere nationale Sicherheit oder den Irak sollte mit einem Hinweis auf 9/11 beginnen.«

Die Konservativen folgten diesem Rat. Der Fernsehsender *FOX* ließ jedes Mal, wenn über den Irak berichtet wurde, Banner durch das Bild laufen, auf denen »Krieg gegen den Terror« stand.

Schon vor besagtem Memo, im September 2002, äußerte George W. Bush gegenüber dem kolumbianischen Präsidenten Alvaro Uribe bei einem Besuch im Weißen Haus: »Sie können keinen Unterschied machen zwischen al-Qaida und Saddam, wenn Sie über den ›Krieg gegen den Terror‹ sprechen.«[28]

Nun, das Zitat ist nur eines der zahlreichen Beispiele für die sprachliche Verknüpfung des Irak und al-Qaidas durch die Bush-Administration. Aber schauen wir uns die Aussage einmal genauer an. Sagt George W. Bush explizit, dass al-Qaida und Saddam Hussein kooperieren? Nein. Was er sagt, ist: Saddam Hussein und al-Qaida haben gemeinsam, dass sie Feinde der USA im »Krieg gegen den Terror« sind. Nun, wenn die USA in einen Krieg verwickelt sind und der Irak und al-Qaida gleichermaßen unsere Feinde in diesem Krieg

28 President Bush, Colombia President Uribe Discuss Terrorism. *The White House*, 25.9.2002 (Internet). Verfügbar unter: http://www.whitehouse.gov/news/releases/2002/09/20020925-1.html [2.9.2007].

sind, dann werden diese beiden *Kriegsparteien* in unserem Denken zu Verbündeten.

Und die von der 9/11 Commission *vorgelegten Fakten änderten nichts?*

Indem man über den Irak-Krieg als Teil des *Kriegs gegen den Terror* sprach, lernten die Gehirne der Menschen, auf diese Weise zu denken. Und Fakten, die nicht in diesen Frame passten, prallten ab. Deshalb hat es so lange gedauert, bis sich die US-Amerikaner von der Idee einer Zusammenarbeit zwischen Saddam Hussein und al-Qaida trennten: Um Ihre Auffassung von der politischen Situation zu ändern, mussten sich ihre Gehirne physisch verändern. Heute passen die Fakten der *9/11 Commission* in einen neuen Frame: Ein Großteil der US-Amerikaner glaubt mittlerweile, dass es tatsächlich keinen Zusammenhang zwischen Saddam Hussein und al-Qaida gab.

10.5 Die Zwillingsgeburt des gerechten Krieges: Wie Krieg zur moralischen Pflicht wird

Als die US-Regierung die Invasion des Irak vorbereitete, verlauteten aus dem Weißen Haus sehr unterschiedliche Geschichten über die Motive für den geplanten Angriff. Man schien regelrecht Probleme zu haben, sich darauf festzulegen, wer durch die Invasion eigentlich gerettet werden sollte: die US-amerikanischen Bürger als potentielle Opfer eines nuklearen Terrorangriffs oder aber die irakische Bevölkerung als tatsächliches Opfer des diktatorischen Regimes Saddam Husseins. Nachdem die Nichtexistenz der Massenvernichtungswaffen in das Bewusstsein der US-amerikanischen Nation eingesickert war, begründeten viele US-Amerikaner die Rechtmäßigkeit des Angriffs mit der erforderlichen Befreiung der irakischen Bevölkerung. Eine scheinbare Beliebigkeit in der Rechtfertigung eines gemeinhin als illegal begriffenen Angriffskrieges, die viele europäische und US-amerikanische Kriegsgegner stutzig machte.

Ja, das Ringen um eine Rechtfertigung für den Irak-Krieg war tatsächlich ein politisches Schauspiel auf zweierlei Bühnen. Auf der einen Bühne wurde das Märchen von der Selbstverteidigung gespielt. Auf der anderen Bühne wurde das Märchen von der ehrenhaften Fremderrettung gespielt. Die Schausteller waren der Irak und die USA, und die Drehbücher beider Stücke lauteten auf den Titel *Der gerechte Krieg*.

Wie werden Nationen zu Schaustellern in einem Märchen?

Ganz einfach, durch unser metaphorisches Denken. Und zwar durch die Metapher *Nationen* sind *Personen*. Sie erlaubt es uns, die USA und den Irak als handelnde Personen innerhalb eines Erzählkontextes zu verstehen.

Die beiden Erzählungen haben die Struktur zweier klassischer Märchenformen. Wir alle wachsen mit dem Konzept dieser beiden Geschichten in unseren Köpfen auf: der Geschichte von der Selbstverteidigung und der Geschichte von der Rettung.

In beiden Märchen gibt es einen Helden, einen Bösewicht, ein Verbrechen und ein Opfer. Was wissen wir über den Bösewicht? Nun, dass die Boshaftigkeit sein essentieller Wesenszug ist. Er ist von Natur aus böse. Was wissen wir noch? Dass man nicht mit ihm verhandelt, weil er irrational ist. Richtig? Der Held verhandelt nicht mit dem Bösewicht, er überlistet ihn, er bezwingt ihn, und er vergilt ihm seine Tat, indem er ihn tötet.

In beiden Geschichten ist das Opfer schuld- und arglos. Es gerät in die Rolle des Opfers, weil der Bösewicht ein Verbrechen an ihm verübt. Dieses Verbrechen bestraft der Held. Es ist die moralische Aufgabe des Helden, das Opfer zu befreien und Gerechtigkeit wiederherzustellen. Er ist dazu berufen, weil er von Natur aus gut ist.

Kern beider Stücke wäre demnach die klassische Dichotomie von Gut und Böse, die zugleich auch der Strenger-Vater-*Weltsicht zu Grunde liegt.*

Genau, die Natur des Bösen trifft auf die Natur des Guten. Und nur ein Sieg des Guten über das Böse kann die Gerechtigkeit in der Welt wiederherstellen, indem es die Ungerechtigkeit, die dem Opfer widerfahren ist, ausgleicht.

Wo liegt der Unterschied beider Geschichten?

Ganz einfach, in der Geschichte von der Selbstverteidigung sind Opfer und Held ein und dieselbe Person. In der Geschichte von der Rettung ist das Opfer eine dritte Person.

Zwei schöne Märchen. Aber an welcher Stelle wird die Märchenstunde politisch?

Durch die Metapher *Nationen* sind *Personen*. Wenn Nationen die Charaktere in unserem kleinen Erzählstück sind, dann wird damit ein Krieg der Heldennation gegen die Bösewichtnation zu einem gerechten Krieg. Erstens hat die gute Nation keine Handlungsalternative: Das Böse treibt sein Unwesen in der Welt, und nur der Held kann – und muss – eingreifen. Nicht zu handeln wäre unmoralisch, weil nur die moralisch starke und essentiell gute Heldennation die Gerechtigkeit wiederherzustellen vermag.

Zweitens gibt es keine Verhandlungen zwischen Heldennation und Bösewichtnation: Die Bösewichtnation ist essentiell schlecht, ein Gespräch auf rationaler Ebene ist hinfällig. Die Zweiteilung in Gut und Böse diktiert, dass die Heldennation die Bösewichtnation besiegen muss. Man einigt sich nicht mit dem Bösen auf Kompromisse, trifft sich nicht in der Mitte zwischen Gut und Böse. Man bekämpft es!

Und drittens muss die Bösewichtnation durch die Heldennation in einer Form bestraft werden, welche die Ungerechtigkeit des Verbrechens wieder ausgleicht, nach dem Motto: »Gerechtigkeit durch Vergeltung!« Denken sie an die Metapher der moralischen Buchhaltung. Die Idee von Gerechtigkeit durch Wiedergutmachung ist in beiden Märchen nicht existent.

Interessanterweise lässt sich solches Denken in den Worten von Wladimir Putin wiederfinden, als er sich im Februar 2004 mit folgenden Worten an die internationale Staatengemeinschaft richtete: »Russland wird Terroristen vernichten und nicht mit ihnen verhandeln.«[29]

Ja, diese Worte entsprechen der Struktur unserer Erzählung vom Helden gegen den Bösewicht. Es geht darum, das Böse zu vernichten.

Und dadurch, dass wir die Rollen in diesen Erzählstücken mit Nationen als handelnden Personen besetzen, kreieren wir also ein Bild vom gerechten Krieg?

Ja, der natürlichste Weg, einen Krieg moralisch zu rechtfertigen, ist die Darstellung der politischen Situation im Sinne einer dieser beiden Erzählstrukturen. Und zwar indem man die Rollen metaphorisch

29 Viele Tote bei Selbstmordanschlag auf Moskauer U-Bahn. *stern.de*, 6.2.2004 (Internet). Verfügbar unter: http://www.stern.de/politik/ausland/index.html?id=519910&nv=hp_st [2.9.2007].

definiert: Wer ist der Held? Wer ist das Opfer? Wer ist der Bösewicht? Welches ist das Verbrechen?

Jeder von uns kennt diese Erzählstrukturen. Ganz automatisch, ohne darüber nachzudenken, verstehen wir das Konzept beider Geschichten. Und wir wissen, dass der Ausgang – der Sieg des Helden über den Schurken – die Gerechtigkeit in der Welt wiederherstellt.

Schafft es die Regierung, schaffen es die Medien, das Land davon zu überzeugen, dass die gegebene Situation die Struktur einer der beiden Erzählungen hat? Akzeptiert das Volk den durch das metaphorische Erzählszenario geschaffenen Frame als politische Tatsache? Wenn ja, so wird der Krieg in unserem Verständnis moralisch.

Moralisch, obgleich von vielen als illegal begriffen?

Absolut. Bleiben wir bei dem Beispiel des jüngsten Irak-Krieges. Sehen Sie, die Menschen in Europa erkannten schnell, dass die von der US-Administration benutzten Metaphern und Erzählszenarien nicht mit der realen politischen Situation übereinstimmten. George W. Bush bot der Welt beide Geschichten an. Zunächst die von der Selbstverteidigung der USA, dann die von der Rettung des irakischen Volkes. Keiner wollte sie kaufen. Doch der Großteil der US-amerikanischen Bevölkerung kaufte sie. Das Framing der politischen Situation durch die Bush-Administration, die entsprechende Berichterstattung in den US-Medien und der verheerende Mangel an einem gegensätzlichen Framing durch die Demokraten als politischer Opposition führten dazu, dass die konservative Darstellung des Krieges als moralische Notwendigkeit ein nationaler Bestseller wurde.

Welche Gestalt hatte das Framing durch die konservative US-Administration?

Man definierte folgende metaphorische Rollenverteilung: den Irak als Bösewicht. Die USA als Helden. Wahlweise die USA- oder die irakische Bevölkerung – und Iraks Nachbarstaaten – als Opfer. Und als Verbrechen wahlweise die Vorbereitung eines Anschlags auf das Leben der USA oder aber die Tyrannisierung der Iraker und Bedrohung der Nachbarstaaten des Irak.

Das erste Szenario umfasste die Selbstverteidigung der USA gegen mögliche terroristische Angriffe mit Hilfe von Nuklearwaffen. Zur

Inszenierung dieser Geschichte gehörten die Versuche der konservativen Regierung, Saddam Hussein mit der al-Qaida in Verbindung zu bringen, und die Behauptung, Irak verfüge über ein Nuklearwaffenprogramm.

Das zweite Szenario beinhaltete die Befreiung der irakischen Bevölkerung von ihrem Tyrannen und ergänzend den Schutz der Nachbarstaaten des Irak. Die US-amerikanische Regierung listete die Gräueltaten des irakischen Regimes gegen seine Bürger auf. Das hat dazu beigetragen, diesem Szenario als möglichem Kriegsgrund in den Köpfen der US-Amerikaner Nährboden zu verleihen.

Ich stelle mir folgende Frage: Wieso zweigleisig argumentieren, weshalb eine Doppelung von Rechtfertigungsszenarien, wenn doch Kontinuität erfahrungsgemäß politische Glaubhaftigkeit vermittelt?

Nun, zunächst einmal hat man es mit der Selbstverteidigungsgeschichte versucht. Weshalb? Weil die Verteidigung der eigenen Nation im Falle eines Angriffs durch das Böse eine höhere Handlungsbereitschaft hervorruft. Sehen Sie, die Verteidigung des eigenen Landes im US-Kongress durchzusetzen ist doch wesentlich leichter. Kein Senator wird sich gegen die Verteidigung des US-amerikanischen Volkes aussprechen, wenn die Regierung entsprechende Beweise für eine Bedrohungslage vorlegen kann.

Diese Belege fehlten der konservativen Regierung aber, denn sowohl die behauptete Kooperation zwischen Saddam Hussein und al-Qaida als auch die angenommene Existenz eines Atomwaffenprogramms im Irak stellten sich als falsch heraus. Also wurde das andere Szenario genutzt, nämlich die Geschichte von der Rettung der Iraker und der Neuordnung der irakischen Gesellschaft mit dem Ziel der Wiederherstellung irakischer Freiheit.

Im Übrigen handelt es sich bei der sprachlichen Vorführung unserer beiden kleinen Politikmärchen um kein Debüt.

Was meinen Sie damit, die Stücke seien kein Debüt?

Nun, eine nahezu identische Situation hat es in den USA zur Zeit des Golf-Krieges im Jahre 1991 gegeben, damals unter der Regierung von George H. W. Bush Sr. Als man einen Krieg gegen den Irak plante, wurden dem US-amerikanischen Volk zwei unterschiedliche Begründungen präsentiert, die die Rechtmäßigkeit eines Angriffs gedanklich vermitteln sollten. Beide Geschichten standen in Konkurrenz zueinander.

Die erste lautete, dass Saddam Hussein die US-amerikanische »Öl-*Lebenslinie*« bedrohe. Eine sehr anschauliche Form, die Metapher von der Nation als Person sprachlich umzusetzen. Saddam Hussein hatte es also auf das Leben der metaphorischen Person USA abgesehen. Das Öl, so suggeriert es die Sprache, wurde dabei als das – überlebenswichtige – Blut, die Pipelines als Adern der Nation konzeptualisiert. Ein anderes Zitat, das mir im Kopf geblieben ist und an das sich viele US-Amerikaner aus der Zeit erinnern dürften, war die Proklamation des Präsidenten, Saddam Hussein habe unsere Ökonomie »im *Würgegriff*«, schnüre uns also die – wiederum überlebenswichtige – Luft ab. Welches Bild entstand in den Köpfen der US-amerikanischen Bürger? Man wollte ihrer Nation ans Leben!

Sie sprechen an dieser Stelle von Saddam Hussein als Angreifer im metaphorischen Personenzweikampf, die Angegriffene aber ist die US-amerikanische Nation. Es scheint, als habe sich eine Asymmetrie in unser Szenario eingeschlichen, indem wir die reale Person Saddam Hussein gegen die metaphorische Person USA antreten lassen?

Nun, ihre Beobachtung ist linguistisch zunächst einmal zutreffend. Tatsächlich sprach man oft von »Saddam«. Allerdings steht dahinter ein gedankliches Konzept von Saddam Hussein stellvertretend für den Irak.

Andernfalls würde, wie Sie ja mit Ihrem Hinweis auf die Asymmetrie andeuten, folgendes mentales Bild entstehen: Saddam Hussein, der Mensch aus Fleisch und Blut, wie Gott ihn geschaffen hat, sitzt irgendwo im Irak auf einer Öl-Pipeline, mit dem Ziel, dadurch die US-amerikanische Nation zu töten.

Nun, das ist es offensichtlich nicht, was Präsident George H. W. Bush Sr mit seinen Worten meinte. Und das wird auch kein US-Amerikaner so verstanden haben. Um welches Phänomen handelt es sich also, wenn man von Saddam Hussein statt vom Irak spricht? Es handelt sich um eine Metonymie: die *Gewalthaber-für-Staat*-Metonymie.

Dann macht es keinen Unterschied, ob wir von Saddam Hussein oder dem Irak sprechen?

Doch, macht es. Indem stellvertretend für den Irak von Saddam Hussein gesprochen wird, personifiziert man die Bösewichtnation. Mit einem Male hat man eine einzelne Person, die stellvertretend für die irakische Nation die Rolle des Bösewichtes einnimmt. Eine viel bessere Besetzung, ein viel greifbareres Feindbild als die gestaltlose Person »Irak«.

Kommen wir aber zurück zu unserer Geschichte vom gerechten Krieg. Ich habe Ihnen gerade erzählt, wie ein metonymischer Saddam Hussein eine metaphorische USA im *Würgegriff* hatte, richtig? Nun, Sie werden erraten, dass es sich hier wieder um eine unserer Erzählungen vom Kampf des Guten gegen das Böse handelt?

Offensichtlich handelt es sich um das Märchen von der Selbstverteidigung des Helden gegen den Bösewicht.

Sie haben es erfasst. Und nun werde ich Ihnen die zweite Geschichte der konservativen Regierung aus dem Jahr 1990 erzählen. Es war die sprachliche Inszenierung der »*Vergewaltigung* Kuwaits«. Was passierte damals? Im Oktober 1990 wurde eine Meinungsumfrage unter der US-amerikanischen Bevölkerung durchgeführt, mit deren Hilfe herausgefunden werden sollte, welches der beiden Szenarien zur Unterstützung eines Angriffkrieges führen würde. Die »*Vergewaltigung* Kuwaits« gewann. Vom nächsten Morgen an hörte man aus dem Weißen Haus nur noch eine Geschichte: die metaphorische Vergewaltigung Kuwaits durch den Irak. Damit wurden die USA in den Köpfen ihrer Bürger zur Heldennation, die das Verbrechen an der Opfernation Kuwait ahnden musste, indem es die Bösewichtnation Irak besiegte und bestrafte. Nach dem Sieg über den Irak im Jahre 1991 erklärte George H. W. Bush Sr: »Die Herausforderung dieses Krieges hätte nicht klarer sein können. Saddam Hussein war der Bösewicht; Kuwait das Opfer.«

Bis heute ist die sogenannte Vergewaltigung Kuwaits die gängigste Darstellung, wenn es darum geht, Rechenschaft über den damaligen Golf-Krieg abzulegen.

Es gibt in Washington einen Militärfriedhof. Dort stehen, Reihe an Reihe, die Gräber jener Soldaten, die im jüngsten Irak-Krieg gefallen sind. Auf jedem Grabstein steht: »Operation Iraqi Freedom«. Ein Zeichen dafür, dass auch der Irak-Krieg von 2003 als moralische Rettung einer Opfernation in das Bewusstsein der US-Amerikaner eingehen soll?

Es könnte nicht offensichtlicher sein.

11. Ihr seid frei: Demokratie im Irak

11.1 Frei, euch um euch selbst zu kümmern: Die neokonservative »Freier-Markt«-Freiheit

»Iraqi Freedom« – »Irakische Freiheit« war also letztlich das Credo der US-amerikanischen Kriegspolitik gegen den Irak: »Die Menschen im Irak verdienen dieselbe Freiheit, die Sie und ich hier in Amerika genießen. Und nach Jahren der Tyrannei und Folter ist diese Freiheit endlich eingetroffen«[30], sagte George W. Bush zwei Wochen, nachdem die US-Regierung den Krieg am 14. April 2003 für beendet erklärt hatte. Welche Freiheit haben die USA dem irakischen Volk gebracht?

Sie haben die Freiheit des freien Marktes gebracht und meinen, damit zugleich die Grundlage für eine Demokratie geschaffen zu haben. Konservative, insbesondere Neokonservative, haben eine bestimmte Theorie über die Entstehung von Demokratie. Es ist die Vorstellung, dass freie Marktwirtschaft naturgegeben in eine demokratische Regierungsform mündet.

Welche Logik steht dahinter?

Nun, wenn wir freie Märkte in die Länder des Mittleren Ostens bringen – und zwar vorzugsweise solche Märkte, die nicht durch Regulationen und progressive Besteuerung eingeschränkt sind –, dann werden viele Leute in diesen Ländern reich werden. Etablieren wir einen freien Markt im Irak, so werden es dort also bestimmte Leute zu Wohlstand bringen.

Und dann geschieht Folgendes: Diese Menschen werden durch ihren Reichtum an Einfluss gewinnen. Und sie werden ihre Besitztümer nicht verlieren wollen. Also werden sie eine demokratische Regierung haben wollen und nicht einen Diktator oder korrupte Politiker, die ihnen jederzeit ihren Besitz wieder wegnehmen können. Sie wollen eine eigene Regierung wählen können, und zwar in freien

30 President Discusses the Future of Iraq. *The White House*, 28.4.2003 (Internet). Verfügbar unter: http://www.whitehouse.gov/news/releases/2003/04/20030428-3.html [2.9.2007].

Wahlen, die sie mit ihrem Geld beeinflussen können. Weiter werden diese Menschen keine Staatsführung haben wollen, die alle Gewalt in einer Hand zentriert, denn die könnte ihnen wiederum ihren Besitz wegnehmen. Sie werden also einen Ausgleich staatlicher Macht in Form von Gewaltenteilung haben wollen – Legislative, Exekutive und Judikative. Sie werden eine zivile Kontrolle des Militärs haben wollen, denn das Militär könnte ihnen sonst ihren Besitz wegnehmen.

Was ist mit Pressefreiheit und unabhängiger politischer Berichterstattung, ohne die eine Demokratie reine Fassade bleibt?

Nun, die Menschen werden genügend Informationen haben wollen, um erfolgreich ihre Geschäfte betreiben und freie Wahlen durchführen zu können. Also werden sie – in einem bestimmten Umfang und auf eine bestimmte Weise – Pressefreiheit haben wollen. Und sie werden Bürgerrechte haben wollen, die sie vor staatlicher Willkür schützen.

Nach dieser Annahme wird also die freie Marktwirtschaft früher oder später automatisch zu einer institutionalisierten Demokratie führen – mit demokratischen Wahlen, staatlicher Gewaltenteilung, ziviler Kontrolle des Militärs, Pressefreiheit und Bürgerrechten.

Am 9. April 2003 gingen die Bilder der in Bagdad gestürzten Statue Saddam Husseins durch die Medien der Welt – das Symbol für den Sturz des Diktators. Fünf Tage später gab die US-Regierung das Ende des Irak-Krieges bekannt. Aus ihrer Sicht waren die irakischen Menschen also von diesem Moment an frei. Frei, im Wettbewerb des freien Marktes ihre Eigeninteressen zu verfolgen?

Ja, von diesem Zeitpunkt an waren die Iraker in den Augen der konservativen US-Regierung befreit. Aus konservativer Weltsicht konnten und würden nun die Iraker automatisch im freien Wettbewerb ihre eigenen materiellen Interessen verfolgen. Dadurch würde – Sie wissen: durch die »unsichtbare Hand« Adam Smiths – das Wohl der gesamten irakischen Bevölkerung maximiert.

Übrigens, erinnern Sie sich noch an die Reaktion unseres ehemaligen Verteidigungsministers Donald Rumsfeld auf die Plünderungen im Irak nach dem Sturz von Saddam Hussein?

Zumindest zum Teil, ja. Er sagte damals: »Stuff happens«.

Und fügte noch hinzu: »Freiheit ist unordentlich, und freie Menschen sind frei, Fehler zu machen, Verbrechen zu begehen und schlechte Dinge zu tun.« Denken wir doch mal darüber nach, was er da eigentlich genau sagt. Seine Worte folgen der Logik einer durch Eigeninteressen motivierten Gesellschaft. In dem Moment, als die Iraker von Saddam Hussein befreit waren, verfolgten sie umgehend – wenn auch zunächst ungezügelt – ihre eigenen Interessen. Unter dem diktatorischen Regime war das nicht möglich gewesen. Erst nachdem die USA Saddam Hussein besiegt hatten, brach sich Freiheit ihre Bahn – die Bevölkerung war frei von Diktat, und man konnte erstmals im Sinne individueller Interessen handeln.

Dann hat sich also die Annahme der Konservativen bestätigt?

Ganz und gar nicht. Die Konservativen blenden mit ihrer Annahme zwei wichtige Tatsachen aus.

Erstens verfügte der Irak über keine gemeinsame nationale Identität. Schlimmer noch, die Bevölkerung des Landes setzt sich aus verschiedenen ethnischen und religiösen Gruppen zusammen, die untereinander verfeindet sind. Letztlich wurde die Nation ja nur durch das brutale System Husseins zusammengehalten. In dem Moment, als die USA den Diktator stürzten, brach im Irak die Hölle los. Und das war absehbar gewesen.

Und zweitens ist die Annahme, dass jeder Mensch von Natur aus im Sinne seiner materiellen Interessen handelt, schlichtweg falsch. Menschen denken ganz unterschiedlich und eben nicht – wie der Mythos es will – gleichermaßen rational. Und im Irak handeln viele Menschen »gottgefällig« und bekämpfen diejenigen, die – vermeintlich oder tatsächlich – ihren Glauben oder ihre Kultur angreifen, mit aller Macht und völlig unabhängig von materiellen Interessen, im Zweifel sogar auf Kosten ihres eigenen Lebens.

Aber letztlich ist Teil einer Demokratie immer auch eine freie Marktwirtschaft.

Sicherlich, aber eine freie Marktwirtschaft wird von Konservativen und Progressiven unterschiedlich begriffen. Aus konservativer Sicht hat freie Marktwirtschaft ausschließlich mit individueller Initiative zu tun: »Pull yourself up by the bootstraps«. Die konservative Metapher des freien Marktes ignoriert all die Dinge in einer Demokratie, die nicht mit individueller Initiative zu tun haben. Sie blendet zum Beispiel das »Commonwealth-Prinzip« aus, die Idee also, dass Steuern genutzt werden, um eine Infrastruktur aufzubauen, die es den Bürger überhaupt erst ermöglicht, Geschäfte zu betreiben. Die Menschen im Irak benötigen aber dringend eine funktionierende Infrastruktur – Straßen, Brücken, Internet, Elektrizität und nicht zuletzt Sicherheit auf den Straßen. Und noch andere Dinge, wie Zugang zu Bildung, ein funktionierendes Gesundheitssystem und soziale Sicherheitsnetze. Erst wenn das gegeben ist, wird es den einzelnen irakischen Bürgern möglich sein, persönliche Ziele innerhalb der freien Wirtschaft zu verfolgen und sich politisch zu beteiligen. Heute, vier Jahre nach Ende des Krieges, sehen sich die Iraker ganz existentiellen Nöten ausgesetzt, die Grundversorgung ist weitgehend schlecht, und es herrscht im Land keinerlei Sicherheit. Und solange diese existentiellen Bedürfnisse nicht befriedigt sind, ist keinerlei Raum für über diese Grundsicherung hinausgehende wirtschaftliche Initiativen oder gar politisches Engagement der Menschen – mit Ausnahme einer kleinen, den Oligarchen in Russland vergleichbaren Schicht, die sehr wohl die Situation zu ihrem Vorteil zu nutzen versteht.

Also, freie Märkte funktionieren nicht ohne Infrastruktur. Und der Irak hat derzeit keine funktionierende Infrastruktur. Und dies nicht zuletzt aus dem Grund, weil die USA das Land bombardiert haben. Wir haben den Irakern damit eine Grundlage wirklicher Freiheit genommen – und nicht nur das.

Die Verträge für den Wiederaufbau des Irak sind an US-amerikanische Firmen vergeben worden. Und diese Firmen beschäftigen US-Bürger – nicht etwa Iraker – als Arbeitskräfte. Wir haben die Privatisierung irakischer Ressourcen vorangetrieben und den Irakern anschließend große Teile ihres Landes abgekauft. Das liegt nicht im Interesse wirklicher irakischer Freiheit, sondern im nationalen Interesse der USA. Nun, aus Sicht der konservativen US-Regierung ist das legitim, denn der Irak-Krieg sollte unserem nationalen Eigeninteresse dienen. Und in dieser Hinsicht war der Krieg erfolgreich.

11.2 »Father knows best«: Die Disziplinierung des Irak

Wobei die Nahostpolitik der USA doch gemeinhin als gescheitert begriffen wird.

Nun, aus Sicht der Konservativen trifft das so nicht zu. Sie haben deutlich gemacht, dass unser nationales Interesse mit zwei Dingen zu tun hat: mit Öl und mit militärisch strategischem Positionieren im Nahen Osten.

Die USA sind dabei, riesige Militärstützpunkte im Irak aufzubauen, und wir haben Militärstützpunkte auch überall in Afghanistan – das muss im Zusammenhang gesehen werden. Man hat in Afghanistan eine Führungsperson ausgewählt, deren vorheriger Job es war, Öl-Pipelines zu verwalten. Und unsere Militärstationen stehen entlang der Route dieser Öl-Pipelines. Ganz im Ernst, da bleibt nicht viel zu interpretieren.

Ganz egal, was im Irak letzten Endes geschieht, die USA werden militärisch vor Ort sein. Glauben Sie mir, wir werden uns in nächster Zeit weder aus Afghanistan noch aus dem Irak zurückziehen. Und selbst wenn wir uns von der Straße zurückziehen sollten, die Militärstützpunkte werden ohne Zweifel bemannt bleiben.

Im Irak gibt es jetzt eine Regierung, die unter dem Einfluss der Bush-Administration errichtet und strukturiert wurde und prinzipiell das tun wird, was wir von ihr verlangen. US-amerikanische Firmen haben sogenannte Sweetheart-Deals mit der irakischen Regierung geschlossen – also Öl-Abkommen mit beachtenswert niedrigen Ölpreisen.

All diese Dinge sind kein Geheimnis. Die Bush-Administration hatte klar formuliert, dass ein Teil der ursprünglichen Ziele in der Befriedigung nationaler Interessen der USA bestand. Und eine beachtenswerte Anzahl dieser ursprünglichen Ziele wurde erreicht – und zwar völlig unabhängig davon, was weiter im Irak geschieht. Es ist wichtig, das zu verstehen.

Ich möchte auf das zurückkommen, was Sie eben bezüglich der irakischen Regierung sagten. Tatsächlich wurde die Regierung unter dem Einfluss der USA errichtet, und auch die Verfassung des Irak wurde unter ihrem Einfluss geschrieben. Wie kann das als Freiheit für das irakische Volk verstanden werden?

Beides hat mit einem Denken im Sinne der Metaphern *Industrienationen* sind *Erwachsene* und *Entwicklungsländer* sind *Kinder* zu tun. Wenn wir die konservative Moralmetapher verwenden, dann ist es die Aufgabe der USA als Erwachsenen, dem Irak als Kind Verhaltensanweisungen zu geben, ihm Richtig und Falsch aufzuzeigen. Daher die

Einflussnahme auf Regierungsbildung und Verfassung im Irak. Die USA werden den Irak disziplinieren müssen, und zwar so lange, bis der Irak genügend innere Selbstdisziplin entwickelt hat, seine eigene moralische Autorität zu sein, und damit die Disziplinierung durch den *strengen Vater* USA hinfällig wird.

11.3 Da war doch noch ...: Demokratie und Bürgerbeteiligung

Halten Sie es für möglich, dass der Sturz des Diktators und der Wettbewerb des freien Marktes letztlich dennoch zu einer Demokratie im Irak führen werden?

Nein, die Idee einer Demokratisierung des Irak alleine durch das Schaffen eines freien Marktes ignoriert die Kultur der irakischen Nation. Sie ignoriert die Bedeutung von Bürgerbeteiligung innerhalb einer Demokratie. Eine wirkliche Demokratie benötigt mehr als nur eine freie Marktwirtschaft, sie benötigt ein demokratisches Bewusstsein der Bevölkerung. Die Menschen im Irak haben keine Erfahrung mit Demokratie, mit der Rolle demokratischer Institutionen oder einer demokratischen Zivilgesellschaft. Und Demokratie benötigt eine zivile Gesellschaft, in der Bürger politische Verantwortung übernehmen, sich engagieren und organisieren. Dafür muss es zunächst einmal eine Kultur geben, in der es ein Verständnis von Bürgerbeteiligung gibt.

Ich wage zu bezweifeln, dass eine von einer fundamentalistischen Kultur geprägte Gesellschaft, wie sie zurzeit im Irak vorherrscht, einer solchen Entwicklung zugänglich ist.

Ich muss Ihnen recht geben. Die offizielle Religion in den arabischen Ländern ist von der fundamentalistischen Interpretation des Islam dominiert, die progressiven Stimmen sind – was die offizielle Religion angeht – nur sehr schwach. Aber von den Menschen, im Volk, da hört man solche Stimmen.

Es gibt eine große Anzahl von Moslems, die nach progressiven Prinzipien leben und für die ein Moslem zu sein bedeutet, ein Mensch des Friedens zu sein, ein Mensch, der sich für die Gemeinschaft einsetzt, anderen Menschen hilft und gesellschaftliche Verantwortung übernimmt. Es gibt dort also eine Möglichkeit für große Veränderungen, und ich denke, dass es eine internationale Politik geben könnte und sollte, die den progressiven Islam in den arabischen Nationen fördert.

Wie könnte das aussehen?

Man müsste zunächst einmal herausfinden, wer in den unterschiedlichen Regionen die Führer eines progressiven Islam sind. Man müsste ihnen helfen, Schulen und Gemeinden aufzubauen. Schulen sind dabei ein wichtiger Teil. Wenn es gelänge, progressive Islamschulen als Alternative zu den konservativen Islamschulen aufzubauen, würde diese sehr andere Interpretation des Islam an Bedeutung und Einfluss gewinnen. Zusätzlich müsste man die progressiven Gemeinden darin unterstützen, ihre Sicht des Islam offen kommunizieren zu können. Sie bräuchten also Zeitungen und andere Mittel der Massenkommunikation.

Ich denke nicht, dass es für irgendeine Regierung angemessen wäre, diese Arbeit direkt zu leisten. Es ist eine Aufgabe, die von privaten Stiftungen und Nichtregierungsorganisationen übernommen und von der US-Regierung unterstützt werden könnte und sollte. Denn solche Maßnahmen, die dem *Fürsorgliche-Eltern*-Islam in den Ländern des Nahen Ostens zur Geltung verhelfen, gehören nicht zuletzt – unmittelbar und auf lange Sicht – zu den effektivsten Instrumenten im Kampf gegen den islamistisch motivierten Terrorismus. Aber die US-Außenpolitik unter den Konservativen begreift diese Dinge nicht als ihre Aufgabe. Im Übrigen hat George W. Bush mehr mit den fundamentalistischen Moslems gemeinsam, als er zugeben wollen würde.

Ich kann Ihnen nicht folgen – was sollte das sein?

Beider Denken über Moral ist durch die Prinzipien der konservativen *Strenger-Vater*-Weltsicht strukturiert – in der Politik ebenso wie in der Religion. Beide folgen in ihrem Handeln denselben moralischen Werten.

Sie sagen, konservativer Politik und fundamentalistischer Religionsausübung liege ein einheitliches gedankliches Fundament zu Grunde?

Ja, und das hat damit zu tun, wie unsere Gehirne funktionieren und wie wir Religion begreifen.

12. »God bless America«: Religion und Politik

12.1 »Vater unser ...«: Metaphern für Gott

In Ihrem Buch Moral Politics[31] *schreiben Sie über die Frage, wie wir Gott begreifen: »Niemand meint, es sei wirklich ein Schaf, das sagt: ›Gott ist mein Hirte‹, ein Schaf, das Flöhe hat und Gras frisst.« Ein recht drastisches Beispiel.*

Sicherlich ist das ein drastisches Beispiel. Aber es führt uns sehr konkret eine einfache Wahrheit vor Augen: Wir begreifen Gott in Form von Metaphern.

Nun gibt es religiöse Gruppen, in den USA und anderswo, die von sich behaupten, in ihrem Handeln – auch ihrem religiös motivierten politischen Handeln – dem genauen Wortlaut einer heiligen Schrift zu folgen. Dieser Anspruch beinhaltet gleichzeitig, dass religiöse Schriften, zum Beispiel die Bibel, einen gültigen Sinn an sich haben. Den haben sie aber nicht, denn die Idee von Gott – irgendeinem Gott – ist immer abstrakt. Wenn wir zum Beispiel Passagen aus der Bibel lesen, dann interpretieren wir sie, auf die eine oder andere Weise. Unser Gehirn kann Gott – und unser Verhältnis zu ihm – nur metaphorisch begreifen.

Also ist die Behauptung, jemand folge dem buchstäblichen Sinn der Bibel, immer falsch. Ich bezweifle nicht, dass diese Menschen aufrichtig glauben, sie würden es tun. Aber es ist schlichtweg nicht möglich.

Sie sprechen Gott seine Existenz ab?

Wieso sollte ich Gott seine Existenz absprechen?

Indem Sie eben sagten, dass Gott für uns nur in Metaphern existiert.

Vielleicht ist es wichtig, dass wir noch einmal über Metaphern und Wahrheiten sprechen. Wir haben vorhin diskutiert, wie wir beispiels-

31 G. Lakoff (2002): Moral Politics. How Liberals and Conservatives Think. Chicago/London (University of Chicago Press), 2nd ed.

weise über die abstrakte Idee der Zuneigung nur metaphorisch denken und kommunizieren können. Sie erinnern sich an den *warm*herzigen Menschen. Wir begreifen Zuneigung also metaphorisch. Aber ist deshalb die Idee von Zuneigung willkürlich? Gibt es Zuneigung nicht wirklich? Doch, natürlich empfinden wir Zuneigung! Aber unser Gehirn funktioniert nun einmal so, dass wir – unbewusst – metaphorisch über diese Idee denken und sprechen.

Die Tatsache, dass wir viele Dinge in Metaphern begreifen, macht diese Dinge nicht weniger real für uns. Genauso verhält es sich mit Gott, der ja eine Instanz ist, die jenseits unserer direkten Erfahrung liegt. Es ist ganz natürlich, dass wir ihn nur durch Metaphern erfassen können. Diese Tatsache macht seine Existenz aber nicht weniger wahr.

Welche Metaphern gibt es also für Gott?

Es gibt eine ganze Reihe von Metaphern, durch die wir Gott und unsere Beziehung zu ihm begreifen: *Gott* ist *Hirte, wir* sind *seine Schafe; Gott* ist *Weingärtner, wir* sind *seine Reben; Gott* ist *Schmied, wir* sind *sein Metall; Gott* ist *König, wir* sind *seine Untertanen*. Eine andere Metapher, die unser religiöses Denken und Handeln beherrschen kann, ist übrigens *Gott* ist *Feldherr, wir* sind *seine Krieger*. Das Handeln nach dieser Metapher hat in der Geschichte großen Schaden angerichtet und tut es noch heute.

Aber die zentrale Metapher für Gott lautet: *Gott* ist *Vater, wir* sind *seine Kinder.*

Tatsächlich ist das bekannteste Gebet im Christentum das Vaterunser. *Im Matthäus-Evangelium (6, 9-13) heißt es: »Euer Vater weiß, was ihr bedürfet, ehe denn ihr ihn bittet. Darum sollt ihr also beten: Unser Vater in dem Himmel ...«*

Da haben Sie sich ein ganz klassisches Beispiel für die Metapher von Gott als unserem Vater herausgesucht. Nun, niemand denkt, dass »Unser Vater in dem Himmel« buchstäblich unser aller Daddy ist, nicht wahr? Dennoch finden wir viele solcher Beispiele, und zwar über unterschiedliche Religionen hinweg – Christentum, Judentum und Islam teilen zum Beispiel diese Metapher. Und wenn wir über Gott als unseren Vater denken und sprechen, dann handeln wir auch entsprechend, in unserem alltäglichen religiös motivierten Handeln ebenso wie in religiös motivierter Politik.

Die interessante Frage lautet also: Als welche Art von Vater begreifen wir Gott? Das wiederum hat mit unseren Metaphern für Moral zu tun.

12.2 Moralische Religion: Wie Gottes Gebote in unserem Gehirn entstehen

Für viele Menschen wurzelt ihre Moral in ihrer religiösen Überzeugung: Die Werte einer Religion geben vor, was moralisches und was unmoralisches Handeln ist. Wollen Sie entgegen dieser allgemeinen Auffassung behaupten, Moral sei eine von Religionen vollkommen unabhängige Instanz?

Moral und Religion hängen eng zusammen. Aber nicht auf die Weise, die Sie eben dargestellt haben. Tatsächlich gehen Menschen davon aus, dass Moral innerhalb von Religion entsteht. Das ist das gängige Verständnis von Religion, das uns beigebracht wird. Aber diese Annahme ist falsch.

Unser menschliches Moralverständnis entspringt nicht der Religion, es ist zunächst einmal völlig unabhängig von Religion. Es wurzelt in der Art, wie wir Dinge denkend begreifen: durch kognitive Entwicklung. Unsere Gehirne lernen unterschiedliche Metaphernsysteme für Moral durch Erfahrungen in der Welt, innerhalb unserer Familien und Gesellschaften. Es ist also nicht die Religion, die uns sagt, was moralisches und was unmoralisches Verhalten ist. Das Gegenteil ist der Fall: Wir wenden unser Verständnis von Moral – unbewusst – auf unsere Religion an.

Das ist eine wichtige Erkenntnis. Religionen sind seit jeher geprägt von Moralauffassungen, die außerhalb der Religionen selbst entstanden sind – und zwar in unseren Gehirnen. Und weil wir Moral durch unterschiedliche Metaphernsysteme begreifen, ist auch unser Verständnis von Religion in den USA und anderswo im Wesentlichen auf zwei unterschiedliche Weisen strukturiert.

In einem Satz: Was sind religiöse Werte?

Sie werden mir zwei Sätze erlauben müssen. Religiöse Werte entstehen, indem wir eine Religion im Sinne unserer gelernten Moralauffassung interpretieren. Und weil unsere Gehirne die abstrakte Idee der Moral unterschiedlich begreifen, kann das Interpretieren ein und derselben Religion zu unterschiedlichen religiösen Werten führen, nach denen wir religiös denken und religiös handeln.

Wie kommt es dazu, dass wir moralische Werte auf die Religion übertragen?

Wir müssen zunächst – in jeder Religion – eine Metapher für Gott wählen. Nehmen wir an, wir begreifen Gott als Vater. Dann stellt sich die Frage: Welche Art von Vater wird er in unserem Denken sein? Wir müssen – unbewusst – eine weitere Metapher wählen, die uns sagt, ob Gott ein *strenger* oder *fürsorglicher* Vater ist.

Ist unsere Beziehung zu Gott durch die *Strenger-Vater*-Moral oder durch die *Fürsorgliche-Eltern*-Moral strukturiert? Wie müssen wir uns verhalten, um in Gottes Augen richtig zu handeln? Wie gesagt, diese Metaphernsysteme für Moral existieren vollkommen unabhängig von der jeweiligen Religion, sie sind dieselben über alle Religionen hinweg.

Wenn wir beispielsweise in einer hebräischen Schule die Thora gelehrt bekommen, dann bekommen wir ja nicht einfach den Wortlaut der Schrift an sich gelehrt. Ihr Sinngehalt existiert nur im Zusammenhang mit Interpretationen. Und diese Interpretationen können auch gegensätzlich sein.

12.3 Abraham und Isaak: ... und die Moral von der Geschicht'?

Sie sagen, das gelte für alle religiösen Schriften – wie wäre es dann mit einem Beispiel aus der Bibel?

Nehmen wir eine Geschichte des Alten Testaments, das nicht nur für die Christen bedeutsam ist, die Geschichte von Abraham und Isaak. Ich lernte sie als Junge in der Schule. Dabei ist die interessante Frage: Welche Geschichte habe ich gelernt?

Zumindest im Ansatz kann ich Ihnen diese Frage beantworten: Gott verlangt von Abraham, seinen Sohn Isaak zu opfern. Kurz bevor Abraham seinen Sohn tatsächlich tötet, sendet Gott einen Engel, um Abraham zu gebieten, anstelle Isaaks ein Schaf zu opfern.

Das ist die zentrale Handlung der Erzählung. Aber wir müssen die Geschichte auf irgendeine Weise interpretieren, denn andernfalls hätte sie ja keinerlei Bedeutung für uns. Wir müssen ihr einen Sinn geben, richtig?

Richtig.

Nun, die Interpretation, die ich in der Schule lernte, war folgende: Gott gebot Abraham, seinen Sohn zu opfern. Doch Gott erwartete nicht wirklich, dass Abraham bereit wäre, Isaak zu töten. Er wollte Abraham nur auf die Probe stellen. Er wollte sehen, ob Abraham weiß, wie sich ein guter Jude verhält. Und als guter Jude hätte er sagen müssen: »Nein, Herr, ich werde meinen Sohn nicht töten. Mein Glaube sagt mir, dass man so etwas nicht tut.«

Aber die Sache lief aus dem Ruder, und Abraham ging tatsächlich daran, Isaak zu opfern. Und Gott im Himmel sagte: »Moment, du sollst doch nicht wirklich …! Himmel, hilf, was tust du denn da! Man tötet doch nicht seinen eigenen Sohn!«, und um Abraham zu hindern, schickte Gott schnell einen Engel hinunter, der sagte: »Du Narr, lass das! Das ist es nicht, was ein guter Jude tun soll! Du hast die Sache falsch verstanden!«

Nun, das ist die Interpretation der Geschichte von Abraham und Isaak, die ich als Kind in der Schule lernte.

Das irritiert mich, für mich war die Geschichte anders, aber ich habe auch nie wirklich verstanden, warum Gott ein solches Opfer verlangen konnte.

Dann haben Sie vielleicht folgende Geschichte gelernt: Gott gebot Abraham, seinen Sohn zu opfern. Aber – und das ist die andere mögliche Interpretation – er erwartete von Abraham, dass er ihm gehorche. Er wollte durch seinen Befehl Abrahams Gehorsam auf die Probe stellen. Er erwartete von Abraham, dass er bereit wäre, um des Gehorsams Willen Isaak zu töten.

Abraham liebte Gott sehr. Und sein Wunsch, ihm zu gehorchen, war stärker als die Liebe zu seinem Sohn. Also war er bereit, Isaak für Gott zu opfern. Als er daranging, ihn zu töten, erkannte Gott im Himmel, dass Abraham ein guter Jude war. Und um Abraham für seinen Gehorsam zu belohnen, schickte er schnell einen Engel hinunter, der sagte: »Großartig! Gott hat gesehen, dass du ihm gehorchst und seine Entscheidungen nicht in Frage stellst. Du bist ein guter Jude, und als Belohnung schenkt Gott dir das Leben deines Sohnes. Töte stattdessen das Schaf.«

Was das betrifft, haben die beiden Geschichten übrigens eine Gemeinsamkeit: Das Schaf kommt bei der Sache – so oder so – am Ende ziemlich schlecht weg.

Genau diese Geschichte lernte ich als Kind. Und sie entwirft tatsächlich ein völlig anderes Bild davon, was moralisches Verhalten für Abraham bedeutet.

Richtig. Die beiden Geschichten geben uns zwei unterschiedliche Antworten auf die Frage: Was ist richtiges, also moralisches Verhalten? Was macht Abraham zu einem guten, was macht ihn zu einem schlechten Juden?

In der ersten, der *fürsorglichen* Version stellt Gott die Werte Abrahams auf die Probe. Abraham handelt nur dann moralisch, wenn er unter keiner Bedingung bereit ist, sein Kind zu töten. Er soll auch dem Befehl Gottes nicht blind Folge leisten.

In der zweiten, der *strengen* Version verlangt Gott von Abraham absoluten Gehorsam. Er erwartet von ihm, dass er Gottes Entscheidung nicht in Frage stellt: »Father knows best.« Abraham handelt nur dann moralisch, wenn er bereit ist, zu gehorchen und seinen Sohn zu töten. Und sein Gehorsam wird am Ende von Gott belohnt.

Sie sehen also, diese Geschichte hat keine Moral an sich. Die Moral der Geschichte hängt von ihrer Interpretation im Sinne unserer Weltsicht ab.

Die entscheidende Frage ist deshalb: Welche der beiden Interpretationen wird uns beigebracht? Welche Moral wird die Geschichte von Abraham und Isaak für uns haben?

Welche hat sie für konservative und progressive Christen in den USA?

Die konservativen Christen begreifen Gott als *strengen*, die progressiven Christen als *fürsorglichen* Vater. Das ist der Unterschied – mit allen Konsequenzen.

12.4 Religiöse Politik: Um wessen Gottes willen?

Der Treueschwur auf die Vereinigten Staaten, Pledge of Allegiance, *lautet: »Ich schwöre Treue der Flagge der Vereinigten Staaten von Amerika und der*

Republik, für die sie steht, eine Nation unter Gott, unteilbar, mit Freiheit und Gerechtigkeit für jeden.« Offensichtlich handelt es sich aber um eine Nation unter zwei Göttern. Erzählen Sie mir mehr über denjenigen Gott, um dessen Segen für die USA ein konservativer Präsident bittet, wenn er sagt: »God bless America.«

Der *Strenger-Vater*-Gott hat ein sehr strenges System von Belohnung und Bestrafung. Gehorcht man ihm, so kommt man in den Himmel. Gehorcht man ihm nicht, kommt man in die Hölle. Die Androhung von Strafe bringt uns dazu, den Regeln Gottes zu folgen. Es liegt in unserem Interesse, uns so zu verhalten, wie Gott es uns vorschreibt – und als Belohnung in den Himmel zu dürfen.

Die zentrale Idee ist also Gottes Autorität. Ein guter Christ ist jemand, der Gottes strengen Geboten gehorcht. Er hat genügend Selbstdisziplin entwickelt, um sein inneres Schlechtes zu überwinden. Und Gott kann uns nicht einfach Erlösung anbieten; würde er das tun, so gäbe es für uns keinen Anreiz, moralische Stärke zu entwickeln. Wir würden uns der Unmoral hingeben. Wir müssen uns unser Seelenheil also verdienen.

Was, wenn wir Gott nicht als strengen, *sondern als* fürsorglichen *Vater begreifen?*

Der *Fürsorgliche-Eltern*-Gott bietet uns Gnade. Und die Gnade Gottes wird von uns metaphorisch als Fürsorge verstanden. Gott sorgt für uns. Man kann sich Gottes Gnade – also Fürsorge – nicht verdienen, sie ist bedingungslos.

Moralisches Verhalten ist fürsorgliches Verhalten. Wie Gott uns bedingungslos liebt, uns in unseren Nöten versteht und uns hilft, sollen wir es ihm gleichtun und anderen helfen. Weil Gott in seiner Gnade für uns sorgt, lernen wir, selbst Fürsorger zu werden.

Und Jesus spielt in dieser Interpretation eine wichtige Rolle. Er hat uns gezeigt, wie ein fürsorglicher Christ handeln soll, und uns damit den Weg zu Gott gewiesen: Wir kommen Gott nahe, indem wir ein Leben nach dem Beispiel Jesu führen.

Und zum Beispiel verständnisvoll sind: »Richtet nicht, damit Ihr nicht gerichtet werdet!«

Ja, und wir sollen gerecht sein: »Wer ohne Sünde ist, der werfe den ersten Stein«. Wir sollen auf Gewalt verzichten: »Halte die andere Wange hin«. Wir sollen nicht versuchen, andere Menschen zu dominieren: »Selig sind die Sanftmütigen, denn sie werden das Erdreich besitzen«. Und wir sollen für die Menschen sorgen, die unsere Hilfe besonders benötigen: »Helft den Armen und Kranken«.

Dennoch, wenn wir dem Beispiel Jesu nicht folgen, dann zeigt uns Gott am Ende immer sein strenges *Gesicht – er schickt uns in die Hölle.*

Die Idee von Himmel und Hölle ist in dieser Version weniger zentral. An ihre Stelle treten die Ideen der Vergebung und Wiedergutmachung.

Wenn wir nicht fürsorglich mit anderen umgehen, ihnen nicht helfen und ihnen kein Verständnis entgegenbringen, dann verhalten wir uns unmoralisch. Wir begehen eine Sünde. Damit enttäuschen wir Gott. Aber Gott ist gnädig, er bietet uns Vergebung, und wir wollen es ihm gleichtun. Denken Sie nur an das *Vaterunser*: »... und vergib uns unsere Schuld, wie auch wir vergeben unsern Schuldigern.«

Gibt es denn keine religiös motivierte Politik, die von diesen unterschiedlichen Moralvorstellungen unabhängig ist?

Sie fragen nach einer neutralen religiösen Politik, die es nicht gibt, denn es gibt keine neutrale Religion. Religion bedarf immer der Interpretation. Die Bibel an sich gibt uns keinerlei Idee davon, welche Form der Politik moralische Politik im Namen Gottes ist. Erst durch die Interpretation im Sinne der jeweiligen Weltsicht entsteht eine konservative oder progressive religiöse Politik.

12.5 Gottes bessere Söhne: Die Metapher von der Bibeltreue

Wenn Menschen gemeinhin davon ausgehen, dass Moral in den Religionen wurzelt – und jede Religion demnach nur eine gültige Moral hat, die Moral an sich –, dann würden in unseren Köpfen diejenigen Gläubigen zu moralischeren Menschen, die sich genauer an die Schriften ihrer Religion halten.

Das trifft zu. Wenn wir davon ausgehen, dass Moral der Religion selbst entspringt und jede Religion demnach nur eine gültige Moral hat, dann kann derjenige, der sein Handeln näher an der Bibel ausrichtet, im Zweifelsfalle für sich in Anspruch nehmen, moralischer zu handeln. Und die Frage nach Moral wird zu einer Frage nach Religiosität: Je religionsgetreuer das Handeln – politisch oder anderswie –, desto moralischer.

Und je bibelgetreuer die Politik, desto richtiger ist sie?

Ja. Aber sehen Sie, schon diese Annahme, dass es eine bibelgetreue Politik geben kann, ist ein gedankliches Kind der *strengen* Religionsinterpretation selbst. Die fundamentalistischen Christen in den USA zum Beispiel halten sich nicht nur für die besseren Christen, sondern für die eigentlichen Christen. Sie gehen nämlich von der Annahme aus, dass die Bibel eine Bedeutung an sich hat, und sind der Tatsache gegenüber blind, dass ihr Begreifen von Gott nur eine der möglichen Interpretationen der christlichen Religion ist. Und das liegt an ihrer Metapher für Gott.

Weshalb sollte jemand, der Gott als strengen *Vater begreift, dieser Tatsache gegenüber blinder sein als jemand, der ihn als* fürsorglichen *Vater begreift?*

Wie gesagt, die Antwort liegt in der Metapher selbst: Wenn wir eine durch und durch *strenge* Interpretation des Christentums haben, dann müssen wir unweigerlich daran glauben, dass es möglich ist, in unserem Handeln Wort für Wort der Bibel zu folgen. Wenn Gott als legitime Autorität Regeln aufgestellt hat und wir Menschen nur dann moralisch handeln, wenn wir diesen Regeln folgen, dann müssen diese Regeln direkt von Gott kommen und uns unmissverständlich aufzeigen, was richtig und was falsch ist. Wenn Gott als *strenger Vater* begriffen wird, dann kann dieses Gottes Selbstverständnis nicht zulassen, dass seine Gebote einer womöglich unterschiedlichen Interpretation durch seine Kinder unterliegen.

Gottes Wort muss objektive Gültigkeit haben?

Ja, und die Idee, dass Religion durch eigene Interpretation Bedeutung erfährt, wird durch diese Metapher ausgeblendet: Wir folgen den Geboten Gottes, nicht unseren Interpretationen seiner Gebote.

Wenn eine Nation sich nun darauf einlässt, im Sinne der Strenger-Vater-*Weltsicht über Religion zu denken, dann sind die Fundamentalisten also tatsächlich die »gottgefälligeren« Gläubigen, weil sie sich genauer an das Wort Gottes halten.*

Richtig. Wenn wir in einer *strengen* Weltsicht über Religion denken, dann ist in unserer Auffassung derjenige, der sich genauer an das Wort Gottes hält, der bessere Christ.

Und wenn diese Nation nun stattdessen in einer fürsorglichen *Weltsicht über Religion denken würde?*

Dann wäre derjenige der bessere Christ, der in Gottes Sinne verantwortlich und empathisch handelt.

12.6 Toleranz und Intoleranz: Eine Frage religiöser Werte

Und beispielsweise andere Glaubensrichtungen toleriert?

Absolut.

Toleranz gegenüber anderen Glaubensrichtungen wird gemeinhin als weltlicher Wert, wohl aber kaum als religiöser Wert verstanden.

Falsch. Das trifft nur dann zu, wenn wir im Sinne *Strenger-Vater*-Moral über Religion denken.

Weshalb?

Weil es nach dieser Metapher nur einen *strengen Vater* als legitime Autorität über die Menschheit geben kann. In dem Moment, in dem wir andere Religionen akzeptieren, stellen wir die absolute Autorität Gottes und die Gültigkeit seiner Gebote in Frage. Also muss die eigene Religion propagiert und gegen andere Religionen in der Welt verteidigt werden. Und dieser Anspruch wird von fundamentalistischen Moslems im Nahen Osten, fundamentalistischen Christen in den USA und ultraorthodoxen Juden in Israel geteilt.

Wer andere Religionen toleriert, gilt für Fundamentalisten also als jemand, der entgegen seinen eigenen religiösen Werte handelt: Man stellt die Auto-

rität seines eigenen Gottes in Frage und wendet sich damit von der eigenen Religion ab.

Das ist richtig. Und *fürsorgliche* Religionen begehen oft den Fehler, diesen Frame der Fundamentalisten zu akzeptieren. Sie lassen es zu, dass ihre Toleranz gegenüber anderen Glaubensrichtungen als säkulares Handeln im Gegensatz zu religiösem Handeln dargestellt wird.

Sie sagen also, die Intoleranz konservativer Religionen sei in keiner Weise religiöser als die Toleranz progressiver Religionen – sondern ein Ergebnis religiöser Strenger-Vater-*Werte im Gegensatz zu religiösen* Fürsorgliche-Eltern-*Werten?*

Sie haben es erfasst. Das Tolerieren anderer Religionen ist kein weltlicher Wert. Es ist ein religiöser Wert.

Sehen Sie, innerhalb einer *fürsorglichen* Gemeinde toleriert und akzeptiert man andersgläubige und auch nichtgläubige Menschen ebenso wie die Menschen des eigenen Glaubens. Aber das bedeutet nicht, dass diese progressiven Gemeinden ihrer Religion eine geringere Bedeutung beimessen als die konservativen Gemeinden – ganz im Gegenteil. Erst indem sie tolerant sind, folgen sie ja dem Gebot Gottes.

Was hat Jesus uns durch sein Handeln gelehrt? Verzichte auf Gewalt, biete Vergebung, heile die Kranken, hilf den Armen und Hilflosen – und noch etwas: Versuche nicht, andere zu dominieren, sei tolerant! Die Idee ist, dass jeder nach diesen Werten leben soll. Wenn das der Fall ist, dann ist die Welt frei von Gewalt, Rache, Hass, Krankheit, Armut und Hilflosigkeit – und eben auch von Dominanz und Intoleranz.

An dieser Stelle stoßen wir aber auf ein Problem: Angenommen, dass wir selbst nach fürsorglichen *Werten leben, wird es doch stets diejenigen Menschen geben, die im Sinne* strenger *Werte denken und handeln – und uns im Zweifelsfall nicht tolerieren. Ich frage mich: Weshalb nach den Werten Jesu handeln, wenn die Realität uns doch oft eines Besseren belehrt und gerade Toleranz immer die Gefahr in sich trägt, letztlich zum Bumerang zu werden?*

Da kann ich Ihnen nur mit den Worten Mahatma Gandhis antworten: »Be the change you want to see in the world.«

Wir haben einen Bogen geschlagen.

Ja, das haben wir, wir sind bei Gandhi gelandet.

Wieso?

Weil die Werte Gandhis und diejenigen progressiver Religionen und progressiver Politik ein und denselben Ursprung haben: die *Fürsorgliche-Eltern*-Weltsicht.

13. Im Land der zwei Freiheiten: Warum wir hören, was wir denken

13.1 Freiheit ist nicht Freiheit: Ein Wort, das keine (einzige) Bedeutung hat

»Im Namen der Freiheit!« schallt es bei jeder politischen Gelegenheit vom Dach des Weißen Hauses, handle es sich um den Krieg gegen den Irak, um die Einschränkung von Bürgerrechten durch den »Patriot Act« oder um den geplanten Abbau von Sozialprogrammen. Ist der Begriff »Freiheit« in den heutigen USA bedeutungslos geworden?

Ganz und gar nicht. Allerdings begehen Progressive in den USA oft den Fehler, über George W. Bush und die Konservativen als Lügner zu denken. Sie beschuldigen das konservative Lager, den Freiheitsbegriff unaufrichtig zu benutzen – das Wort »Freiheit« als eine Art rhetorischer Strohpuppe zu missbrauchen –, während man zugleich eine Politik verfolgt, die Freiheiten national und international einschränkt.

Es ist ein großer, wirklich großer Fehler, einfach davon auszugehen, dass das konservative Lager den Begriff »Freiheit« sprachlich missbraucht.

Damit macht die politische Opposition es sich viel zu leicht, denn sie verschließt die Augen gegenüber der Tatsache, dass George W. Bush weder lügt noch opportunistische Freiheitsrhetorik betreibt.

Ich werde Ihnen ein Geheimnis verraten: George W. Bush ist, was seine nationale und internationale Politik »im Namen der Freiheit« betrifft, aufrichtig. Er benutzt den Begriff absolut ehrlich. Er meint tatsächlich Freiheit – und wirklich nichts als Freiheit –, wenn er von Freiheit spricht.

Sie fragen mich, ob der Begriff »Freiheit« bedeutungslos geworden sei. Nein, er ist nicht bedeutungslos geworden, ganz im Gegenteil, er hat zumindest zwei Bedeutungen, eine für die Konservativen und eine für die Progressiven.

Was kann Freiheit bedeuten, außer eben Freiheit?

Freiheit kann vieles – und sogar Gegensätzliches – bedeuten. Das, was von dem einen als Freiheit begriffen wird, kann von einem anderen – aufrichtig gemeint – als Unfreiheit verstanden werden. Worte sind nicht allgemeingültig und bezeichnen nicht objektive Gegebenheiten in der Welt.

Bill Clinton sagte im Wahlkampfjahr 2004: »Meine Freunde, uns wird ständig gesagt, dass Amerika zutiefst gespalten sei. Aber alle Amerikaner schätzen Freiheit und Glauben und Familie.«[32] *Offensichtlich spricht er von Freiheit als einer gemeinsamen, von allen US-Amerikanern geteilten Idee.*

Nun, zu Beginn unseres Gesprächs haben wir darüber gesprochen, dass Menschen meist falsche Vorstellungen davon haben, wie sie denken und in welchem Maße unser Denken durch die Sprache beeinflusst wird, eben unter anderem durch Metaphern und Frames. Nun ist es vielleicht an der Zeit, uns mit einem weiteren Aspekt auseinanderzusetzen, nämlich der inneren Struktur eines Begriffes und der Frage, wie Kommunikation eigentlich genau funktioniert. Nur weil Bill Clinton sagte: »... *alle* Amerikaner schätzen Freiheit ...«, kann daraus nicht gefolgert werden, dass auch alle US-Amerikaner das Gleiche darunter verstehen. Worte haben keine allgemeingültige Bedeutung! Wir haben ein bestimmtes Verständnis von Kommunikation, weil wir in bestimmten Metaphern über Kommunikation denken. Und diese Metaphern für Kommunikation führen zu der Schlussfolgerung, dass Worte eine objektive Bedeutung haben. Dabei blenden sie aber aus, dass ein und dasselbe Wort für zwei Menschen etwas vollkommen Unterschiedliches bedeuten kann. Also stellt sich die Frage: Wie denken wir über Kommunikation?

13.2 *Leere* Worte und bedeutungs*volle* Texte: Metaphern für Kommunikation

Ein Sender will eine bestimmte Information übermitteln, dazu codiert er sie mittels des Systems von Sprache und schickt sie an den Empfänger, der die Information wieder decodiert.

Vollkommen falsch.

32 W. J. Clinton (2004): 2004 Democratic National Convention Address. American sRhetoric Online Speech Bank (Internet). Verfügbar unter: http://www.americanrhetoric.com/speeches/convention2004/billclinton2004dnc.htm [2.9.2007].

Es ist die Struktur unseres gängigen Kommunikationsmodells.

Das in keiner Weise abbildet, wie Kommunikation tatsächlich funktioniert.

Wieso nicht?

Dieses Modell bildet nur die Metapher ab, durch die Menschen die abstrakte Idee »Kommunikation« gemeinhin begreifen: *Kommunikation* ist *Transfer*. Und für einen Transfer brauche ich Behälter, in die ich das, was ich versenden will, hineintue. Das führt uns zu den weiteren Metaphern *Worte* sind *Behälter* und *Ideen* sind *Objekte*.

In Ihr Kommunikationsmodell übertragen, heißt das, Kommunikation findet statt, indem der Sender bestimmte Objekte, seine Ideen, in passenden Behältern, seinen Worten, an den Empfänger schickt.

Die Metaphern *Ideen* sind *Objekte* und *Worte* sind *Behälter* sind allgegenwärtig: Wir sprechen von *leeren* Worten. Man sagt: »Denk mal über die *Inhalte* deiner Worte nach!«, oder: »Ich kann diesem Text nicht viel *entnehmen*.« Jemand kann viel Bedeutung *in* seine Worte *legen* oder darum bemüht sein, seine Ideen *in* Worte zu *fassen*.

Wenn wir in dieser Metapher über Kommunikation denken, dann müssten wir es nur schaffen, die jeweils passenden Behälter für die Objekte auszuwählen – also unsere Ideen in die richtigen Worte zu fassen –, und die Bedeutung wäre dem anderen in dem Moment zugänglich, in dem er die Worte hört oder liest – also die Objekte aus dem Behälter auspackt.

Genau. Wenn die Worte beim Empfänger ankommen – so die unbewusste metaphorische Schlussfolgerung –, dann versteht er automatisch auch ihren Inhalt, den er auspackt, denn es sind ja dieselben Inhalte, die der Sender eingepackt hat.

In dieser Metapher gedacht, haben Worte unabhängig vom Kommunikationskontext eine objektive Bedeutung.

Sie bringen es auf den Punkt. Wenn wir über Ideen als Objekte denken, dann existieren sie in einer bestimmten Form. Und diese Form ändert sich nicht durch das Übersenden: Was vom Sender in Worte *eingepackt* wird, das wir vom Empfänger aus den Worten *ausgepackt*.

Wenn ich ein Paket mit Pralinen an meine Tante schicke, dann packt sie genau die Pralinen aus, die ich zu Hause eingepackt habe.

Genau, wenn Sie Ihrer Tante Nougattrüffel schicken, dann packt sie keine Marzipantrüffel aus – sondern eben die von Ihnen liebevoll eingepackten Nougattrüffel.

Die Vorstellung, Kommunikation würde auf diese Weise funktionieren, ist aber schlichtweg falsch! Sehen Sie, schon allein die Vorstellung, man würde Ideen als Objekte *versenden*, ist unzutreffend. Wir entnehmen die Ideen ja nicht wirklich unserem Kopf und versenden sie dann. Die Ideen bleiben in unserem Kopf, auch wenn wir sie kommunizieren.

Nun, diese Metapher blendet einen wichtigen Teil der Wirklichkeit aus: Die Tatsache, dass ein Mangel in der Verständigung nicht an falscher Wortwahl oder fehlerhaftem Transfer liegen muss, sondern vor allem daran liegt, dass Worte für Menschen unterschiedliche Bedeutungs*inhalte* haben. Um im Bild zu bleiben: Der Empfänger *packt* eben nicht zwingend das *aus*, was der Sender *eingepackt* hat.

Aber wie könnte Kommunikation möglich sein, wenn auf das System »Sprache« kein Verlass wäre und Worte als Bedeutungsträger keine objektive Gültigkeit besäßen?

Die Bedeutung von Worten ist nie objektiv. Sie entsteht durch unser eigenes konzeptuelles System – durch die Beschaffenheit unseres Gehirns.

In der Realität kommunizieren weder Sie noch ich noch sonst irgendwer, indem wir uns gegenseitig Worte mit einer objektiven Bedeutung zusenden. Worte bezeichnen nicht die Welt, wie sie an sich existiert. Sie bezeichnen immer nur die Welt, wie wir sie begreifen, und zwar auf Grund unseres biologischen Funktionierens in dieser Welt.

13.3 Realistische Kommunikation: Die Welt in unserem Gehirn

Wie kommunizieren wir also?

Wir verwenden unser eigenes konzeptuelles System. Wir verwenden ein eigenes Set von Sprechregeln, Metaphern und Frames. Und wenn wir mit jemandem kommunizieren, dessen konzeptuelles System mit dem unseren übereinstimmt, wenn unser Gegenüber dasselbe Set von Sprechregeln, Metaphern und Frames hat, kann eine von beiden geteilte »Wahrheit« entstehen – wir verstehen uns.

Sie sprechen von Wahrheit, die wir miteinander teilen, nicht von objektiver Wahrheit?

Es gibt für uns Menschen keine Wahrheiten, die jenseits unseres Begreifens liegen. Und das hat einen ganz einfachen Grund: Alles, was wir von der Welt begreifen, begreifen wir mit Hilfe unseres Gehirns. Wie wir die Welt erfassen, ist also immer durch unser eigenes konzeptuelles System bedingt.

Bezweifeln Sie die Existenz einer realen Welt und schließen sich der relativistischen Denkschule an?

Überhaupt nicht. Ich bin alles andere als ein Relativist. Ich bin ein Realist. Und zwar in zweierlei Hinsicht: Ich bin ein Realist, was die Welt betrifft, und ich bin Realist, was die Funktionen unseres menschlichen Gehirns betrifft.

Ich zweifle die Existenz einer realen Welt nicht an, wir alle agieren ja in dieser Welt. Und unsere körperlichen, sozialen und zwischenmenschlichen Erfahrungen in dieser real existierenden Welt prägen zu einem erheblichen Teil unsere konzeptuellen Systeme. Da unsere Körper und Gehirne von derselben Art sind und wir viele physische und soziale Erfahrungen teilen, haben wir generell sehr ähnliche konzeptuelle Systeme. Es gibt aber ebendort erhebliche Unterschiede, wo wir unterschiedliche Erfahrungen machen, zum Beispiel auf Grund unserer Kultur oder bestimmter zwischenmenschlicher Beziehungen.

Und ich habe auch eine ausgesprochen realistische Auffassung davon, wie wir Menschen die Welt denkend begreifen: Menschen begreifen die Welt nicht durch irgendeine abstrakte universelle Instanz, die wir »Verstand« nennen und die jenseits unserer Körperlichkeit liegt. Menschen begreifen die Welt durch ihr Gehirn, das ein Teil des Körpers ist. Sie denken auf Grund von Konzepten, die physisch in ihrem Gehirn vorhanden sind. Denken ist physisch.

Und ich untersuche, wie unsere Interaktion mit der Welt unsere Konzepte beeinflusst und darüber mitbestimmt, wie wir denken können und werden.

Also ist die Theorie, dass Worte die Welt bezeichnen, wie sie ist, ein Mythos.

Wo bricht diese Theorie zusammen? Sehr offensichtlich: in Metaphern. Wenn ich sage: »Die Preise sind *gestiegen*«, bezeichne ich damit nicht eine Gegebenheit in der Welt. Ich benutze eine Metapher. Und diese Metapher bezeichnet nicht die Welt, wie sie an sich existiert. Sondern sie ist das Ergebnis von Erfahrungen, die ich in dieser Welt gemacht habe.

Das alleine erklärt aber noch nicht, weshalb ein politischer Begriff wie »Freiheit« nicht Träger einer von allen US-Amerikanern geteilten Wahrheit ist, die Bill Clinton so gern reklamieren wollte, sondern unterschiedliche Bedeutungen haben kann.

Nun, auch was wir als Freiheit verstehen, ist das Ergebnis individueller gedanklicher Prozesse. Und Freiheit gehört zu den »Essentially Contested Concepts« – den notwendigerweise strittigen Konzepten.

13.4 Der notwendige Ideenstreit: Essentially Contested Concepts

Was ist ein »Essentially Contested Concept«?

Die ursprüngliche Idee geht auf eine Arbeit des britischen Sozialwissenschaftlers Walter Bryce Gallie von 1956 zurück, der damals erkannte, dass abstrakte Ideen wie »Demokratie« über eine Kernbedeutung hinaus notwendigerweise strittig sind, weil sie von Menschen unterschiedlich interpretiert werden. In den vergangenen 30 Jahren haben kognitive Wissenschaftler die Struktur von Essentially Contested Concepts weiter untersucht, und wir kennen heute diese Struktur.

Jede Idee hat einen zentralen Kern, hinsichtlich dessen Bedeutung alle Menschen übereinstimmen. Wir bezeichnen diesen Teil als das unstrittige Bedeutungsskelett einer Idee. Das Bedeutungsskelett besitzt eine bestimmte Struktur und lässt darüber hinaus Leerstellen, die von uns mit eigenen Ideen aufgefüllt werden, und zwar auf Grund von Werten. Da wir uns in unseren Werten unterscheiden, sind die Ideen notwendigerweise unterschiedlich und somit strittig.

Nun, die Idee von Freiheit, die ein Bedeutungsskelett mit gedanklichen Leerstellen hat, ist notwendigerweise strittig, da jeder die Leerstellen entsprechend seinen Werte ausfüllt – und damit haben wir recht unterschiedliche Bedeutungen des Wortes »Freiheit«.

Stimmen aber hinsichtlich der zentralen Bedeutung überein?

Genau, was den Bedeutungskern von Freiheit angeht, sind sich die Menschen einig. Zum Beispiel gehört physische Freiheit zum unstrittigen Bedeutungskern.

Dann müsste jede Idee ein notwendigerweise strittiges Konzept sein – nicht nur abstrakte Ideen wie Freiheit oder Demokratie. Überhaupt alles, was wir wahrnehmen, wird doch von uns – über den zentralen Bedeutungskern hinausgehend – interpretiert, also individuell bewertet.

Nun, ursprünglich ging man davon aus, dass dies nicht der Fall sei, dass sich das Phänomen auf bestimmte abstrakte Ideen beschränke. Aber je intensiver wir uns damit befassen, desto berechtigter scheint Ihre Frage: Gibt es überhaupt Ideen, die nicht über ihren unstrittigen Bedeutungskern hinaus von Menschen auf Grund ihrer eigenen Werte gedanklich ergänzt werden?

Also ist tatsächlich jede Idee ein Essentially Contested Concept?

Ich kann Ihnen nur so viel sagen: Wir wissen heute noch nicht, ob jede einzelne Idee notwendigerweise strittig ist. Aber was mich persönlich betrifft, denke ich, dass es gut möglich ist. Als ich erstmals darüber nachdachte, sagte ich mir: »Okay, was ist mit einem Stuhl?« Und mir kam ein Möbelgeschäft in San Francisco in den Sinn. In diesem Geschäft standen eine Reihe von Objekten, die der Inhaber des Geschäfts Stühle nannte. Nun, ich würde sie nicht als Stühle bezeichnen. Wenn sie nicht als Stühle angeboten worden wären, wären sie für mich schlichtweg keine Stühle gewesen – in meiner Wirklichkeitsauffassung hätten, als ich dieses Geschäft betrat, keine Stühle vor mir gestanden. Bestimmte Möbeldesigner hingegen hätten diese Objekte sofort als Stühle erkannt, denn Möbeldesign hat eine komplexe Struktur und eigene Werte – die man als Laie nicht kennt. Die Idee »Stuhl« ist also ein strittiges Konzept.

Also sind nicht nur abstrakte Ideen notwendigerweise strittig – was Sie für einen Stuhl festgestellt haben, lässt sich verallgemeinern?

Ich kann es Ihnen nicht in dieser Absolutheit beantworten, aber es scheint mir wirklich so zu sein. Nehmen wir als weiteres Beispiel ein Zimmer. Bis heute befinde ich mich mit meiner Frau im Streit darüber, wie viele Zimmer unser Haus hat. Es gibt in unserem Haus einen Raum, von dem meine Frau denkt, er sei ein Zimmer, und ich denke das nicht. In den Raum gelangt man durch einen Bogengang, aber dort ist keine Tür, die den Raum abtrennt. Nun, wenn es dort keine Tür gibt, wie könnte es dann ein Zimmer sein! Aber für meine Frau ist es ein Zimmer, denn sie glaubt, dass der Türbogen den Raum abgrenzt. Meine Frau und ich haben also unterschiedliche Vorstellungen von der Idee »Zimmer«. In der Wirklichkeit meiner Frau hat unser Haus ein Zimmer mehr, in meiner eines weniger.

Also, das ist normal, vollkommen normal. Aber wenn wir nun unser Haus verkaufen wollten, dann hätten wir ein Problem. Je nachdem, wer von uns beiden die Annonce schreiben würde, hätte das Haus ein Zimmer mehr oder weniger.

Nun, oft bemerken wir allerdings gar nicht, dass wir Dinge unterschiedlich begreifen. Wir gehen guter Dinge auseinander in der Vorstellung, die Kommunikation sei geglückt.

Weil wir gar nicht hören, was der andere sagt, sondern das hören, was wir denken – und damit von einer Übereinstimmung ausgehen?

So ist es. Die Welt, wie wir sie erfassen, hängt von unserem Gehirn ab. Immer. Für die Kommunikation bedeutet das: Wir verstehen nicht, was jemand an sich sagt, sondern wir verstehen immer nur das, was unser Gehirn daraus macht, indem es die Leerstellen wertend ausfüllt, die Idee interpretiert – also, wir verstehen, was wir denken.

Wie können wir es dann je schaffen, erfolgreich zu kommunizieren?

Wir kommunizieren sehr oft erfolgreich, weil jede Idee einen zentralen Bedeutungskern hat, der von uns allen gleich begriffen wird. Und darüber hinaus wird das Bedeutungsskelett einer Idee von uns auf Grund von Werten ergänzt, die mit unseren Metaphern und Frames zu tun haben. Wenn wir dieselben Metaphern haben, dann werden wir die Idee ähnlich interpretieren. Und wir haben viele Metaphern gemeinsam, denn unsere Körper funktionieren gleich, und wir machen mit ihnen viele gleiche Erfahrungen in der Welt. Und wenn wir in ein und derselben Kultur aufwachsen, dann kennen wir noch mehr gemeinsame Metaphern. Wenn wir aber nicht in derselben Kultur aufwachsen, dann können sich unsere Metaphern unterscheiden, und auch die Wahrscheinlichkeit, dass wir eine Idee ähnlich interpretieren, wird geringer.

Lassen Sie mich Ihnen eine Geschichte erzählen. Eine der Mitarbeiterinnen von George W. Bush, Karen Hughes, war eine Art inoffizielle Gesandte für die arabische Welt. Sie reiste in die arabischen Länder, um zu erkunden, wie die Menschen dort über die USA dachten. Sie hielt also Vorträge und suchte das Gespräch. Eines Tages wurde sie in Saudi-Arabien von einer Gruppe wohlhabender Frauen eingeladen, einen Vortrag zu halten. Im Rahmen dieses Vortrages sagte sie: »Meine Vorstellung von Freiheit ist es, mich ganz alleine in mein Auto setzen und einfach losfahren zu können, wohin ich will. Leider haben Sie diese Freiheit nicht.« Die anwesenden Frauen empörten sich: »Was behaupten Sie denn da? Wir können auch überall hinfahren, und wir haben sogar einen Fahrer, der uns fährt. Wir sind also noch freier als Sie!«

Wir haben mehrfach darüber gesprochen, dass unsere Metaphern sich auch dann stark voneinander unterscheiden, wenn wir in Familien mit unterschiedlichen Moralauffassungen aufwachsen – mit allen Konsequenzen auch für unser politisches Begreifen.

Das ist richtig. Wenn wir in einer *fürsorglichen* Weltsicht denken, dann interpretieren wir eine strittige Idee anders als jemand, der in einer *strengen* Weltsicht denkt. Und das bedeutet auch, dass wir die Idee »Freiheit« über ihren Bedeutungskern hinaus auf höchst unterschiedliche Weise ausfüllen. Und deshalb, ich komme noch einmal darauf zurück, meint George W. Bush es wirklich ehrlich, wenn er von Freiheit spricht.

13.5 Im Namen zweier Freiheiten: Essentially Contested Concepts und politische Kommunikation

Welche Bedeutung hat diese Erkenntnis für die politische Kommunikation?

Nun, man kann das Wort »Freiheit« in der politischen Sprache gebrauchen, ohne es im Sinne seiner Weltsicht interpretiert und in einen entsprechenden Sinnzusammenhang gestellt zu haben. Man bietet dem Hörer also nur das Bedeutungsskelett der Freiheitsidee an – und überlässt es ihm, die Leerstellen des Skeletts individuell aufzufüllen und die Idee im Sinne seiner eigenen Weltsicht zu interpretieren.

Als Resultat können Menschen unterschiedliche – und sogar gegensätzliche – politische Ideale in ein und derselben Aussage vertreten sehen.

Dieser Mechanismus wird in der politischen Kommunikation viel genutzt. Als George W. Bush am 20. Januar 2005 seine zweite Amtseinführungsrede hielt, benutzte er die Wörter »Freiheit« und »frei« 49-mal in 20 Minuten. In ungefähr der Hälfte der Fälle benutzte er den Begriff, ohne ihn im Sinne der konservativen Weltsicht zu interpretieren, zum Beispiel als er sagte: »Die größte Hoffung für Frieden in unserer Welt ist die Ausweitung der Freiheit in der gesamten Welt.« Dieser Satz konnte von Progressiven und Konservativen gleichermaßen verstanden werden.

Gleichermaßen – aber eben nicht gleich?

Ja, denn als Progressiver hörte man seine Rede und interpretierte den Begriff im Sinne der progressiven Weltsicht. Und man sagte sich: »George W. Bush hat recht, Freiheit für Menschen auf der ganzen Welt von existentieller Not, Intoleranz und Gewalt führt zu Frieden.« Als Konservativer hingegen interpretierte man den Begriff im Sinne der konservativen Weltsicht. Und man sagte sich: »George W. Bush hat recht, die Freiheit für Menschen auf der ganzen Welt, auf freien Märkten ihr eigenes Wohl verfolgen zu können und frei von staatlicher Einflussnahme für sich selbst sorgen zu dürfen, führt zu Frieden.«

Beide, sowohl Progressive als auch Konservative, erkannten ihr Freiheitsideal in diesem Teil der Rede von George W. Bush.

Und waren sich nicht darüber im Klaren, dass sie Freiheit unterschiedlich begriffen und der Präsident gleichsam zweierlei Reden hielt – eine in den Köpfen der Progressiven, eine in den Köpfen der Konservativen!

Aber das galt nur für den ersten Teil der Rede. Dann gab es einen Satz, in dem George W. Bush in etwa sagte: »Amerika hat zu Hause grundlegende Arbeit zu erledigen, und zwar die bisher unvollendete Arbeit amerikanischer Freiheit.« Und von da an beginnt er, aus einer klar konservativen Weltsicht heraus zu argumentieren.

Und wenn man als Progressiver zu Hause vor dem Radio oder Fernseher saß, dann hatte man von diesem Zeitpunkt an keine Ahnung mehr, wovon der Präsident eigentlich gerade sprach. Das Wort »Freiheit« in diesem zweiten Teil der Rede ergab nur noch dann Sinn, wenn man selbst innerhalb der *strengen* Weltsicht dachte.

Es ist interessant, dass in dem Redetext, der George W. Bush vorlag, an den Stellen ein Marker gesetzt war, an denen der Freiheitsbegriff in einem rein konservativen Verständnis gemeint war. Das bedeutet, dass, wer auch immer diese Rede geschrieben hat, er sich der Tatsache bewusst war, dass der Begriff gezielt unterschiedlich genutzt wurde.

Einer der interessantesten Sätze dieser Rede war: »In Amerikas Freiheitsideal hängt das öffentliche Interesse vom privaten Charakter ab. [...] Die Selbstverwaltung eines Gemeinwesens stützt sich letzten Endes auf die Selbstorganisation jedes Einzelnen.«[33]

Ich gebe Ihnen recht. Und Progressive fragten sich: »Warum sagt er das? Worum geht es?« Ich wurde damals von einem progressiven Verleger aus New York angerufen. Einer seiner Mitarbeiter hatte die Rede gehört und mit seinen Freunden darüber gesprochen. Sie saßen in New York zusammen und zerbrachen sich stundenlang den Kopf über diese Rede – sie verstanden einfach nicht, was George W. Bush da sagte. Am Ende kamen sie zu dem Schluss, dass der Begriff »Freiheit« in den USA bedeutungslos geworden sei.

Um welche Freiheit geht es in diesem zweiten Teil der Rede, was meinte George W. Bush, indem er sagte: »In Amerikas Freiheitsideal hängt das

33 President Sworn-In to Second Term. *The White House*, 20.1.2005 (Internet). Verfügbar unter: http://www.whitehouse.gov/news/releases/2005/01/20050120-1.html [2.9.2007].

öffentliche Interesse vom privaten Charakter ab. [...] Die Selbstverwaltung eines Gemeinwesens stützt sich letzten Endes auf die Selbstorganisation jedes Einzelnen«?

Es geht um moralische Stärke und Selbstdisziplin. Wenn jeder genügend Stärke entwickelt, um selbstdiszipliniert für sein eigenes Wohl zu sorgen, maximiert sich am Ende das Wohl – und damit die Freiheit – aller.

Ein weiterer Satz aus dieser Rede lautete: »Indem wir jeden Bürger zum Beauftragten seines eigenen Schicksals machen, werden wir unseren Mitamerikanern größere Freiheit von Not und Angst verschaffen und unsere Gesellschaft wohlhabender, gerechter und gleichberechtigter machen.«[34]

Beide Aussagen sind ganz offensichtlich nur innerhalb eines *Strenger-Vater*-Frames zu verstehen. Unsere Gesellschaft wird nur dann vollkommen frei von Not und Angst sein, wenn die Bürger einen Anreiz haben, Selbstdisziplin zu entwickeln. Und Selbstdisziplin verlangt zunächst Disziplin von außen: *tough love.*

Dahinter steht die Idee, dass staatliche Interventionen wie Sozialprogramme und Krankenfürsorge die Bürger ihrer persönlichen Freiheit berauben. Die Gesellschaft muss durch Wettbewerb strukturiert sein, damit jeder Einzelne moralisch sein Eigeninteresse verfolgen kann. Es muss also ein System sozialer und ökonomischer Belohnung und Bestrafung geben. Den Menschen Dinge zu geben, die sie sich nicht selbst verdient haben, kreiert Abhängigkeiten und beraubt sie ihrer persönlichen Freiheit.

Die Gesellschaft ist umso wohlhabender, je mehr der Einzelne seine Interessen verfolgt. Interessant sind in diesem Zusammenhang auch die Worte »gerechter und gleichberechtigter«. Die Gesellschaft ist dann »gerechter«, wenn moralische Stärke angemessen belohnt und moralische Schwäche angemessen bestraft wird. Und sie ist »gleichberechtigter«, wenn jeder – uneingeschränkt von staatlicher Intervention – sein Eigenwohl verfolgen kann: *fair game.*

Nun, aus progressiver Sicht ist genau das Gegenteil der Fall. Seinen Mitbürgern »Freiheit von Not und Angst« geben und unsere

---

34 President Sworn-In to Second Term. *The White House*, 20.1.2005 (Internet). Verfügbar unter: http://www.whitehouse.gov/news/releases/2005/01/20050120-1.html [2.9.2007].

Gesellschaft »wohlhabender, gerechter und gleichberechtigter machen« bedeutet aus progressiver Sicht, dass man für seine Mitbürger Verantwortung übernimmt, indem man für sie sorgt. Das Sozialversicherungssystem, staatliche Krankenfürsorge und freier Zugang zu Bildung garantieren den Menschen Freiheit von Entbehrung. All das machte uns frei, ohne Not zu leben und unsere Träume zu verfolgen.

Es ist bemerkenswert, dass die US-Medien in ihrer Berichterstattung nicht darauf eingingen, dass die Logik der Rede von George W. Bush offensichtlich einer Freiheitsidee folgte, die der traditionellen progressiven US-amerikanischen Freiheit entgegensteht.

Nun, einige Journalisten waren zumindest irritiert.

Dennoch, kein Journalist ging explizit auf die Tatsache ein, dass dem Freiheitsbegriff durch den Redekontext eine klar konservative – und damit der traditionell eher progressiv geprägten US-amerikanischen Freiheitsidee widersprüchliche – Bedeutung verliehen wurde.

Ich stimme Ihnen zu, es wäre Aufgabe der Journalisten in den USA gewesen zu erkennen, welche Idee von Freiheit George W. Bush meinte und welche unbewussten gedanklichen Schlussfolgerungen sich aus seiner Freiheitsdefinition für das Verständnis moralischer Politik »im Namen der Freiheit« ergaben.

14. »Es war einmal …«: Das Märchen vom objektiven Journalismus

14.1 Objektive Berichterstattung: Anspruch und Wirklichkeit

Professionelle Journalisten nehmen für sich in Anspruch, den Regeln objektiver Berichterstattung zu folgen. Ist dieser Anspruch noch haltbar?

Nun, einen wirklich objektiven Journalismus kann es nicht geben.

Wenn Sie diese Frage also derart pauschal stellen, lautet meine Antwort ganz klar: »Nein, wir würden von Journalisten etwas Unmögliches verlangen.«

Also gibt es keine objektive Berichterstattung?

Nun ja, auch wenn es keine objektiven Wahrheiten in dem Sinne gibt, so gibt es doch Realitäten, die wir teilen – Dinge, die in der Welt geschehen und die wir alle auf dieselbe Weise begreifen. Menschen sterben, und man kann über ihren Tod berichten. Wälder brennen, und man kann über die Brände berichten. Es gibt also Dinge, von denen jeder sagen würde: »Das ist wahr.« Das sind die Informationen, die wir unabhängig von unseren moralischen und politischen Prinzipien – unserem ideologischen Common Sense – alle ähnlich begreifen. Über solche Dinge können Journalisten natürlich tatsachengerecht berichten. Nennen wir sie die »rohen Fakten« des Informationsjournalismus.

Nach angelsächsischer Tradition gilt für den Qualitätsjournalismus: Information und Meinung werden sauber getrennt, Meinungskundgaben als solche gekennzeichnet. Informierende Darstellungsformen wie Nachricht und Bericht sind gänzlich wertungsneutral. Wenn man nun die »rohen Fakten«, wie wir sie eben definiert haben, von wertenden Meinungsäußerungen trennt, wäre eine allgemeingültige, wertfreie politische Berichterstattung möglich.

Ihre Gleichung ginge nur dann auf, wenn es in der politischen Debatte eine hinreichend neutrale Sprache gäbe – eine Sprache, in der über »rohe Fakten« in der Politik wertneutral berichtet werden könnte! Es gibt in der politischen Debatte aber kaum wertfreie Sprache.

Nehmen wir an, ein professioneller US-amerikanischer Journalist hat den Anspruch, in einem informierenden Beitrag eine politische Realität abbilden zu wollen. Und er hält sich nach bestem Wissen und Gewissen an die Trennungsregel, die Sie eben erwähnten. So weit, so gut? Nein. Denn viel zu oft bildet er – ohne sich dessen überhaupt bewusst zu sein – dabei eine konservative Realität ab.

Politische Berichterstatter in den USA, und ich meine hier bewusst auch nur die Berichterstatter, benutzen konservative Sprache oft so, als sei sie wertneutral. Rundfunk- und Pressejournalisten akzeptieren meist das konservative Framing politischer Themen – und übernehmen mit der Sprache zugleich auch die dahinterstehende Idee, die einer politischen Moral im Sinne der konservativen Weltsicht entspricht.

Ich habe vor einiger Zeit aus aktuellem Anlass einen »Google News«-Check gemacht. Gut 3000 Berichte tauchten auf, in denen das Wort »Steuererleichterung« als vermeintlich neutraler Begriff verwendet wird. Das sind 3000 Nachrichtenartikel, mit denen Journalisten objektiv zu informieren scheinen. Tatsächlich propagieren sie einen Frame, der ein Denken im Sinne konservativer Werte aktiviert.

Viele Journalisten sind sich dessen nicht bewusst. Sie meinen ehrlich, so gut wie möglich objektiv zu berichten – weil sie die Mechanismen des politischen Framings nicht kennen.

Nun, ich denke, es ist für die Medien in den USA an der Zeit, diese subtile ideologische Einflussnahme durch Sprache zu durchschauen und sich davon zu befreien.

Indem sie die Sprache in der Politik und das dahinterstehende Denken als Thema in die politische Berichterstattung einbeziehen?

Dazu müssten sie diese Mechanismen aber zunächst einmal selbst durchschauen.

14.2 Die Wächter gedanklicher Freiheit: Bewusster Journalismus

So bewegen wir uns im Kreis.

Sie haben recht. Die Politikredaktionen müssen sich zunächst die Erkenntnisse zu eigen machen, über welche die Wissenschaftsredaktionen schon lange berichten.

Sie gehören in die Ausbildung der Journalisten. Es werden heute in der Journalistenausbildung an den US-amerikanischen Universitäten selbst die grundlegendsten Erkenntnisse der Gehirnforschung nicht vermittelt!

Politische Berichterstatter sollten aber die Mechanismen politischen Denkens und Sprechens zumindest in ihren Grundzügen kennen. Sie sollten bereit sein, sich Rechenschaft darüber abzulegen, wie ihr eigenes Denken funktioniert – und sie sollten die Öffentlichkeit im Rahmen ihrer Berichterstattung über die Bedeutung und Folgen des politischen Sprachgebrauchs aufklären.

Das heißt konkret?

Die Erkenntnisse über politisches Framing müssen in die journalistische Arbeit einfließen. Sprachliche Frames, die mit politischen Programmen einhergehen, müssen diskutiert werden. Unabhängig davon, ob Journalisten »nur« politisch informieren oder politische Missstände kritisieren wollen, sollten sie beispielsweise darauf eingehen, welche Metaphern die Politiker verwenden und wie sie mit deren Weltsicht zusammenhängen.

Das bedeutet mehr, als nur besonders herausstechende Sprachschöpfungen wie den »Krieg gegen den Terror« kurzzeitig als irreführende politische Rhetorik anzuprangern. Man sollte darüber berichten, welche politische Weltsicht hinter solchen Sprachschöpfungen steht und welche Folgen damit verbunden sind: Was hat der politische Frame *Krieg gegen den Terror* für Auswirkungen auf unser Denken?

Journalisten waren nicht gezwungen, den Frame der Bush-Administration aufzugreifen: »Noch sechs Jahre nach den Anschlägen vom 11. September 2001 befinden sich die USA in einem sogenannten Krieg gegen den Terror.« Sie hätten auch berichten können: »Der ›Krieg gegen den Terror‹ ist eine von der konservativen US-Regierung gezielt gewählte Metapher, mit der noch sieben Jahre nach den Anschlägen vom 11. September 2001 die US-amerikanische Innen- und Außenpolitik gerechtfertigt werden soll.«

Und dann kann man darstellen, welcher Weltsicht diese Metapher entspringt, welche Aspekte der Wirklichkeit sie ausblendet, welche sie hervorhebt und welche Handlungsweise sie damit begünstigt. Sodann kann man erläutern, weshalb diese Handlungsweise aus konservativer Weltsicht moralisch ist.

Das wäre ein politischer Journalismus, der sich nicht dem Sprachdiktat der politischen Parteien unterwirft, sondern darüber aufklärt, wie zum Beispiel der *Krieg gegen den Terror* als konzeptuelle Metapher funktioniert.

Also, es ist höchste Zeit für einen Journalismus in den USA, der bei seiner Berichterstattung die Erkenntnisse der Gehirnforschung beachtet.

Und damit seiner Verantwortung als »Selbstbeobachter« oder »Spiegel« der Gesellschaft gerecht wird?

Ja, einige Berufe tragen eine größere Verantwortung als andere, den öffentlichen Diskurs frei und transparent zu halten. Journalisten gehören ohne Zweifel dazu. Sie haben eine zentrale Verantwortung in der Demokratie, sie sind Wächter unserer Informations- und Meinungsfreiheit, unserer Gedankenfreiheit!

Und unsere Gedankenfreiheit als eine der Voraussetzungen für unsere Entscheidungsfreiheit hängt davon ab, ob wir die unterschiedlichen Weltsichten hinter den politischen Frames erkennen.

Die Konservativen geben die Frames in der politischen Debatte in den USA vor – und Journalisten bemerken es nicht. Und das gefährdet unsere pluralistische Berichterstattung auf das Höchste. Sehen Sie, die Wirkung von Metaphern, Frames und Essentially Contested Concepts im politischen Sprachgebrauch ist ja gerade auch deshalb so groß, weil sie Wirklichkeiten in den Köpfen der Hörer schafft, ohne dass diese es überhaupt erahnen. Es ist fatal, dass selbst die einfachsten Erkenntnisse der kognitiven Wissenschaft und Hirnforschung nicht Teil unseres öffentlichen Bewusstseins sind.

Wir überlassen denjenigen, die mehr über unser eigenes Denken wissen als wir selbst – darunter politische Strategen –, zu einem erheblichen Maße die Kontrolle über unser politisches Denken.

Also: »Bewusster Journalismus« könnte der neue »objektive Journalismus« sein?

Ja.

Und wir müssen uns verabschieden von der Idee, dass es einen objektiven Journalismus gibt?

Ich mag die Idee eines »bewussten Journalismus«!

Ja? Gut. Bewusster Journalismus ist der neue objektive Journalismus.

Ich glaube, das ist richtig. Bewusster Journalismus. Journalismus, der sich bewusst ist. Bewusster Journalismus ist eine wundervolle Bezeichnung. Ich liebe bewussten Journalismus. Way to go!

Nachwort

Im Sommer 2007 suchte ich wegen eines Visums die US-Botschaft in Berlin auf. Dort hängt im Warteraum ein Poster, das zwei Fotos zeigt: das Pentagon und die Zwillingstürme des World Trade Center nach den Einschlägen der Flugzeuge am 11. September 2001. Darüber steht in roten Großbuchstaben »WORK OF EVIL«.

Auch wenn wir von einer derart plakativen »Gut-Böse«-Inszenierung in Deutschland noch weit entfernt sind, kann man doch auch bei uns allmählich einen politisch-medialen Trend hin zu einer vereinfachenden, wenig differenzierenden Betrachtungsweise der Geschehnisse in der Welt beobachten. Wie steht es also um die politische Berichterstattung in den deutschen Medien? Sind deutsche Journalisten immun gegenüber den Sprachschöpfungen der US-Kommunikationsstrategen?

Eine kurze Online-Recherche zeigt: Die Metapher vom »Krieg gegen den Terror« ist auch heute noch in der deutschen Berichterstattung allgegenwärtig. Im *Spiegel* (»Im Vorfeld des Bösen«, Heft 28/2007) heißt es beispielsweise: »Kann man jemanden, der nichts getan hat, jedenfalls nichts Strafbares, vorbeugend wegsperren? [...] auf Jahre, so lange, bis der Krieg gegen den Terror vorüber ist?« Es wird sogar explizit ausformuliert: »bis der Krieg vorüber ist«, das heißt anhaltender globaler Kriegszustand bis zum Ende, dem Kriegsende, gedanklich definiert als Sieg über den Feind.

Auch die Begriffe »Terrorjäger« oder »Jagd auf Terroristen« werden viel genutzt, so wieder in der jüngsten Debatte über die Gesetzgebungsinitiativen der deutschen Bundesregierung zur inneren Sicherheit. Wer oder, besser gesagt, was wird gejagt?

Der Arm der US-Politikstrategen ist lang, er reicht über den Ozean hinweg.

Nun gut, vielleicht wird unser politisches Denken hier ein wenig »US-amerikanisiert«, möglicherweise im Sinne der konservativen USA, aber in Deutschland ist dennoch alles anders – so zumindest unser Selbstbild, auch das vieler deutscher Journalisten. Politische Kommunikation in den USA und in Deutschland, dazwischen liegen noch Welten. Sicherlich, unsere Wahlkämpfe richten sich zunehmend an den Wahlkampf in den USA aus – siehe zum Beispiel »der Kandidat als Mensch«. Aber im Großen und Ganzen sind schlichte und leicht zu durchschauende Politikinszenierungen dann doch nicht unsere Sache. Sind wir nicht, schon unter dem Eindruck unserer leidvollen Geschichte, noch wenig empfänglich für politische Inszenierungen? Sehen wir die Dinge nicht objektiver, rationaler? Folgen wir in unseren Debatten und Urteilen nicht der Vernunft?

Gibt es vielleicht ein kognitives Schlupfloch, durch das uns politische Fakten, an den angebotenen Frames vorbei, erreichen?

Inwieweit lassen sich also die Erkenntnisse über das politische Framing und eine mehr oder weniger unreflektierte Berichterstattung auf die politischen Debatten in Deutschland übertragen?

Die Debatte über innere Sicherheit: Nehmen wir den Begriff »Gefährder«, der heute zunehmend in der Debatte über die polizeiliche Überwachung mutmaßlich potentieller politisch motivierter Straftäter auftaucht. Wenn es einen Gefährder gibt, dann gibt es Gefährdete, nämlich uns, die einer latenten Bedrohungslage ausgesetzt sind. Die Gefährder sind die anderen – Menschen eben, die uns gefährden. Die Gesetzesänderungen zielen also nicht auf uns, sie träfen die »anderen«, und dies zu Recht. Das ist eindeutig ein Issue Defining Frame. Und der Umstand, dass es dabei auch um Eingriffe in die grundrechtlich gewährleisteten Freiheitsrechte der Bürger geht, ist nicht Teil des Frames.

Nicht ohne Grund spricht der deutsche Bundesminister des Inneren, Wolfgang Schäuble, also von »Gefährdern«, wenn er den Vorschlag einer Internierung mutmaßlich potentieller Terroristen in den Raum stellt. Wie viel Kalkül dahintersteckt, ist schwer zu beurteilen. Möglicherweise handelt er nur so, wie Menschen eben handeln: Er spricht in einem Frame, der seinem politischen Common Sense, seiner eigenen gedanklichen Realität, entspricht.

Die Migrationsdebatte: »Das Boot ist voll!« hörten wir noch vor Kurzem in der Debatte über die Zuwanderung von Ausländern. Welche Vorstellungen erweckte die Metapher von der *Nation* als *Boot* in uns? Ein Boot ist in seiner Fläche begrenzt. Der Raum in Deutschland ist begrenzt, zwar nicht in dem Sinne, dass wir uns gegenseitig bald auf die Füße träten. Physischer Platz steht in diesem Denkkonzept für die Ressourcen, die uns in Deutschland zur Verfügung stehen – Geld, Bildung, Arbeitsplätze: nationale Ressourcen als Raum.

Die Nation als Boot steht kurz vor dem Untergang. Darum geht es hier. Wenn das Boot voll ist und wir dennoch mehr Menschen an Bord nähmen, würde das Boot sinken – unsere Nation metaphorisch untergehen. Für die Insassen des Bootes eine lebensbedrohliche Situation. Ist es da nicht – zumindest – gerechtfertigt, die eigene Haut zu retten? Immerhin ist es ja noch unser Boot.

Die Debatte über den Umweltschutz: Wie steht es mit dem Begriff »globale Erwärmung«? Erwärmung, das ist irgendwie durchaus angenehm – warmer Frühling, warmes Bad. Es ist zumindest nichts, was uns Angst machen müsste, anders vielleicht eine globale Überhitzung?

Der genereller gefasste Begriff »Klimawandel« wird dem Anliegen wissenschaftlicher Neutralität gerecht. Der Frame Wandel ist tatsächlich gänzlich wertneutral. Wandel bedeutet zunächst einmal nichts weiter als die Veränderung eines Ist-Zustandes. Der Frame beinhaltet nicht die kontrastierenden Vorstellungen von Verschlechterung oder Verbesserung, erfordert keinen akuten Handlungsbedarf – ein gedankliches Neutrum. Das Wort »Klimakrise« würde einen der Entwicklung gerechter werdenden Frame aktivieren: nicht nur Wandel, sondern drastische Verschlechterung und damit unbedingter Handlungsbedarf!

Die Beispiele zeigen, auch bei uns gibt es – natürlich – politisches Framing durch Sprache. Welche Weltsichten stehen also hinter diesen Frames? Sind unsere Vorstellungen von politischer Moral denen in den USA vergleichbar? Gibt es auch bei uns eine politische *Strenger-Vater-* und *Fürsorgliche-Eltern-*Moral? Oder gilt in Deutschland nicht eher ein »Mittelding« zwischen beidem? Definieren sich nicht die beiden großen Parteien Deutschlands jeweils als »Partei der Mitte«?

Im Wahlkampf bekommen die politischen Vorstellungen dieser Parteien mehr Kontur. Dann geht es darum – sachte, denn man will ja »die Mitte« nicht verschrecken –, Unterschiede deutlich zu machen in dem, was als moralische Politik verstanden wird. Wenn es also darum geht, eine der »Parteien der Mitte« zu wählen, ganz abgesehen von den »links« und »rechts« neben ihnen stehenden Parteien, entscheiden dann nicht die Wähler nach ihrem politischen Moralempfinden, ihrer jeweiligen Weltsicht?

Da auch wir unseren Staat als Familie begreifen, bleibt konsequenterweise zu überlegen, welche Metaphern unser Denken über Familienmoral strukturieren, welche politische Moral und welche Weltsicht sich für uns daraus ergeben.

Aufschluss darüber können wir gewinnen, indem wir uns Rechenschaft über unser eigenes alltägliches Denken und Handeln ablegen, indem wir uns die Frage stellen: »Wie treten wir unserer Familie, unseren Freunden, den Menschen an unserem Arbeitsplatz, in der Schule, unserem Universitätsseminar oder auf der Straße entgegen?«

Haben Sie eine Antwort auf die Frage: »Wenn dein Baby nachts schreit, nimmst du es hoch?«? Vielleicht gibt die Antwort Ihnen den Blick frei auf eine Moral, deren Sie sich bisher nicht bewusst waren, auf ein System von Metaphern, das schon lange Ihr Denken, Sprechen und Handeln bestimmt – nicht nur in politischer Hinsicht.

Elisabeth Wehling
Berkeley, im August 2007

Nachwort zur zweiten Auflage

»Worte sind keine Taten«, versuchte Hillary Clinton noch während des demokratischen US-Vorwahlkampfes 2007 die Redeerfolge Barack Obamas zu relativieren. Medien bezeichneten die Sprache Obamas wechselweise als »durchsichtige Hoffnungs-Rhetorik«, als »nicht viel mehr als schnittige Wahlslogans« oder auch als »aus Mangel an Ideen geborene Schlachtrufe«. Tatsache ist: Wer die richtigen Worte findet, der ist sich seiner politischen Ideen bewusst, und erkennt einen Weg, sie über Sprache mit anderen zu teilen. Zum Erscheinen der zweiten Auflage, nachdem die Demokraten nun die Präsidentschaftswahl 2008 gewonnen haben, möchte ich dem Buch einige Gedanken über die von Obama gewählte Sprache hinzu fügen, beginnend mit dem Ausspruch, der weltweit Beachtung – und inzwischen auch Nachahmer – gefunden hat:

Yes, we can «Yes, we can«. Es sind nur drei Wörter, aber es sind Worte, die für eine ganze Weltsicht stehen. Mit seiner »Wir«-Rhetorik hebt sich Obama nicht nur im Vorwahlkampf gegen Hillary Clinton ab, sondern im Präsidentschaftswahlkampf auch gegen den republikanischen Kandidaten John McCain. Was ist so besonders an den drei Worten »Ja, wir können«? Indem unser Gehirn ihre Bedeutung errechnet, wird ein kognitiver Frame erweckt, der folgende Ideen beinhaltet:

- Es gibt ein Ziel, das man erreichen will und kann, und zwar gemeinsam – nicht einer stellvertretend für die anderen, sondern in Kooperation.
- Um zu kooperieren, braucht der Mensch Empathie, nämlich die Fähigkeit, sich in andere hineinzuversetzen.
- Wer kooperieren will, muss andere akzeptieren und Unterschiede respektieren. Also konzentriert man sich nicht auf Gegensätze, sondern auf solche Werte und Ideen – und eben politischen Ziele –, die man teilt.
- Der Frame beinhaltet Konzepte von systemischer Politik und politischen Prozessen, die bei den Menschen beginnen – jedem einzelnen Wähler, den »Grassroot«-Organisationen, den Bloggern.

All diese Ideen werden im Gehirn aktiviert, indem es die Bedeutung der Worte »Ja, wir können« errechnet. Es sind Ideen, die mit Werten zu tun haben: Empathie, Gemeinschaft und gegenseitiger Verantwortung. Wo die McCain-Kampagne spaltete und polarisierte, baute die Obama-Kampagne auf miteinander geteilte Werte und gemeinsame Ziele. Das Empathie-Defizit Am Martin Luther King Jr. Day im Januar 2008 hält Barack Obama eine Rede, in der er von einem »essentiellen Defizit« seines Landes spricht: »Ich spreche nicht von dem Budget-Defizit. Ich spreche nicht von dem Handels-Defizit. Ich spreche von dem moralischen Defizit in diesem Land. Ich spreche von einem Empathie-Defizit in diesem Land. Die Unfähigkeit, uns selbst in unserem Gegenüber zu erkennen. [...] Wir haben ein Empathie-Defizit [...], wenn die Farbe eurer Haut noch immer über den Inhalt eurer Bildung entscheidet. Wir haben ein Defizit, wenn Vorstandsvorsitzende in zehn Minuten mehr Geld verdienen als ein regulärer Arbeiter in einem ganzen Jahr. [...] Wir haben ein Defizit [...], wenn Unschuldige in den Wüsten von Darfur abgeschlachtet werden. Wenn junge Amerikaner Dienst nach Dienst nach Dienst [...] in einem Krieg ableisten, der nie hätte autorisiert werden dürfen [...]. Wir haben ein Empathie-Defizit in diesem Land, das geschlossen werden muss.«

Barack Obama verbindet das moralische »Empathie-Defizit« mit Fakten der US-amerikanischen Innen- und Außenpolitik. Dieses

Defizit sei Ursache der schlechten Bildungschancen, des Rassismus und der sozialen Benachteiligung. Und dieses Defizit habe auch die humanitäre Katastrophe in Darfur mitbedingt, ebenso das Leid der US-Soldaten im Irak-Krieg. Er stellt eine Verbindung her zwischen Empathie als zentralem Wert progressiver Politik, der sich daraus ergebenden gegenseitigen Verantwortung und schließlich den einzelnen politischen Fakten und Entscheidungen. Indem unser Gehirn die Idee »Empathie« errechnet, wird sein emotionales Zentrum neuronal aktiv: Was es bedeutet, Empathie zu empfinden, »begreift« unser Gehirn auch, indem es die Gefühle, die uns zu Empathie befähigen, neuronal simuliert. Obamas Publikum hört also nicht nur das Wort »Empathie«, es fühlt Empathie – und bringt dieses Gefühl mit der Politik des Landes in Verbindung. Dieser für seine progressive Politik zentrale Wert liegt auch Obamas Vorstellung von Patriotismus zugrunde. In einem CNN-Interview zu dem Vorwurf seiner Gegner, er sei unpatriotisch, erklärte er, Patriotismus bedeute für ihn «Caring about each other", sich für einander interessieren, sich für einander verantwortlich fühlen, sich um einander kümmern. Eine progressive Interpretation dessen, was es heißt, ein Patriot zu sein. Barack Obama hat verstanden, dass politische Identifikation nicht im luftleeren Raum, sondern über unser Gehirn stattfindet – jenem fantastischen und höchst komplexen Apparat, der unsere Ideen und Emotionen reguliert und der bestimmt, wie wir die Welt begreifen. In Obama fanden die Republikaner im Wahljahr 2008 einen politischen Gegner, der nach Jahren konservativer Werte-Rhetorik eine eigene, kontrastierende Weltsicht kommunizierte: die eines progressiven US-Politikers mit den zentralen Werten »Empathie« und »gegenseitige Verantwortung«. Obama hat gezeigt: Politische Sprache ist keine Verzierung von Inhalten und Programmen. Politische Sprache ist Politik. Sie führt zu gemeinsamem politischen Denken und Handeln und in letzter Konsequenz auch zur politischen Mehrheit und damit der Ermächtigung zum Regieren innerhalb einer Demokratie. Auch im deutschen Wahljahr 2009 wird Eines entscheidend sein: die Fähigkeit, sich die eigenen politischen Werte bewusst zu machen und die richtigen Worte für sie zu finden. Keine Beziehung zwischen Parteien und Wählern ist intimer und gewichtiger als diejenige, die – von Gehirn zu Gehirn – über Sprache hergestellt wird.

Elisabeth Wehling
Berkeley, im Januar 2009

Nachwort zur vierten Auflage

Sprache ist Politik – sich diese Erkenntnis der modernen Kognitions- und Ideologieforschung zu Herzen zu nehmen, ist heute nicht weniger wichtig als vor zehn Jahren, als dieses Buch erstmals erschien. Zwei Themen beherrschen heute unseren öffentlichen Diskurs in Deutschland, Europa und den USA: die weltweite Fluchtbewegung gen Westen und die US-Präsidentschaftswahlen.

Zunächst also die Fluchtbewegung. Sie war im Jahr 2015 zentrales Thema europäischer Politik und bleibt es auch 2016. Einige der meistgebrauchten Frames in den europäischen Debatten und Verhandlungen erzählen eine »strenge« Geschichte, die mal mehr und mal weniger subtil eine bestimmte Form der Politik propagiert: nationale und europäische Abschottung. Sie macht es Deutschland und den wenigen anderen EU-Staaten, die sich für gemeinsame, pragmatische wie humane Lösungen stark machen, zunehmend schwer, ihre Positionen begreifbar zu machen und durchzusetzen.

Der wohl prominenteste Frame ist dabei derjenige von Flüchtlingen als Wassermassen. Eine Flüchtlings*welle* hat uns 2015 *überrollt*. Eine Flüchtlings*flut*, die auch im Jahr 2016 nur langsam *abebben* wird. Flüchtlings*ströme*, die wieder *ansteigen*. Die Metapher von Flüchtenden als Wassermassen ist in unseren Debatten allgegenwärtig, und sie wird über das gesamte politische und mediale Spektrum hinweg genutzt. Der Frame erzählt eine schrille Geschichte. Flüchtende sind keine Opfer, sondern eine Bedrohung. Die potenziellen oder tatsächlichen Opfer der Situation sind Deutschland und Europa. Und zugleich sind sie auch Helden, und zwar Helden der Selbstrettung. Es ist eine Geschichte der Selbstverteidigung. Sie erfährt kognitive Unterstützung von Begriffen, die weniger grell daherkommen, aber dennoch unsere Wahrnehmung prägen, wie etwa die *Massen*einwanderung oder der *Zustrom* von Flüchtlingen.

Die Metapher von Flüchtenden als Wassermassen informiert aber nicht nur über die Form der Bedrohung, sondern auch über die Lösung des Problems. Was tun, wenn die eigene Region, das eigene Haus einer Wasserflut ausgesetzt ist? Dämme bauen. Sandsäcke vor die Türen. Den Keller und das Erdgeschoss auspumpen. Also eine Politik der Abschottung und Abschiebung. Und so ruft es aus allen Himmelsrichtungen auch, Deutschland und Europa sollten die *Schotten dicht* machen.

Was steckt ganz sicher nicht in dem metaphorischen Frame von Flüchtenden als Wasserfluten? Richtig: das Aufnehmen und Integrieren von Flüchtlingen. Es wäre ja vollkommen absurd, angesichts einer Flut das hereinströmende Wasser auf einzelne Zimmer zu verteilen, sich zu überlegen, in welchem Zimmer wie viel Wasser am besten unterkommt. Eine Politik der Solidarität und Kooperation, der gemeinschaftlichen Aufnahme und Integration von Geflüchteten wird in dieser Metapher zur kognitiven Sisyphusarbeit – mit allen politischen Konsequenzen in Berlin und Brüssel.

Wie sehr diese »strenge« Geschichte unsere öffentlichen Debatten strukturiert, zeigt sich auch an dem Begriff *Ober*grenze. In der Sache geht es bei der Obergrenze um die Frage, wie viele Menschen wir in Deutschland und Europa aufnehmen. Diese Frage kann aus zwei Perspektiven diskutiert und beantwortet werden: als eine Frage der *Ober*grenze oder der *Unter*grenze.

In der Diskussion um die Obergrenze beschäftigen wir uns vordringlich mit der Frage, wie viel Raum einem Land oder einer Staatengemeinschaft zur Verfügung steht. Raum steht hier natürlich metaphorisch für Geld und andere Ressourcen, wie Gesundheit, Bildung, Wohnraum und Arbeit. Gedanklich arbeiten wir uns also von unten nach oben vor und langen an bei einer Obergrenze des Möglichen – oder Gewollten – hinsichtlich der Verwendung nationaler Ressourcen zugunsten Schutzsuchender. Von einem bestimmten Ressourceneinsatz an ist, im Namen des nationalen Eigeninteresses, die oberste Grenze erreicht. Ebenso wie die Metapher von Flüchtenden als Wassermassen ist auch diese eine Selbstverteidigungsgeschichte: Die europäischen Staaten als Opfer der Situation sind aufgerufen, ihren nationalen Wohlstand zu verteidigen. Der Frame der Obergrenze zeigt eine vollkommen legitime ideologische Sicht auf die Dinge, nämlich die »strenge« Sicht, einem ihrer Kernwerte gemäß: das Durchsetzen des Eigeninteresses als moralisch richtig und wichtig.

Einen völlig anderen Frame würde eine Debatte um die Untergrenze aktivieren. Dieser Begriff würde die Frage aufwerfen, wie viele Schutzsuchende wir mindestens bei uns aufnehmen müssen, um der Verantwortung gerecht zu werden, geflüchtete Menschen vor Leid und Elend zu schützen. Das wäre dann keine Selbstverteidigungsgeschichte, sondern die Geschichte einer Rettung anderer: Die europäischen Staaten als potenzielle Retter wären aufgerufen, gemeinsam die zu uns kommenden Opfer von Krieg und Gewalt aufzunehmen und zu schützen. Auch der Frame der Untergrenze zeigt eine vollkommen legitime ideologische Sicht auf die Dinge, nämlich die »fürsorgliche« Sicht, gemäß ihrer zentralen Werte Empathie und Kooperation.

Deutschland und Europa sprechen aber nicht von einer Untergrenze. Wir sprechen allesamt von Obergrenzen und diskutieren innerhalb dieses einen – aber eben nicht einzigen! – ideologischen Frames, wo die Grenze liegen muss oder ob es sie geben darf.

Die gedankliche Verlagerung des moralischen Kernproblems wird auch in dem allgegenwärtigen Begriff *Flüchtlings*krise deutlich. Wir sprechen nicht etwa von einer *Aufnahme*krise in den Schutzländern oder einer *Vertreibungs-* oder *Gewalt*katastrophe in den Kriegsgebieten.

Sowohl die »strenge« Geschichte von der Selbstverteidigung im Namen nationalen Eigeninteresses als auch die »fürsorgliche« Geschichte der gemeinschaftlichen Rettung und Versorgung im Namen von Empathie und Miteinander sind valide. Beide Geschichten müssen in der Demokratie gehört werden dürfen – denn politische Weltsichten und ihnen entspringende Handlungsvorschläge sind stets relativ, nie objektiv. Problematisch wird es, wo trotz vielfältiger moralischer Perspektiven auf das Thema nur *eine* Geschichte erzählt wird – weil Politik, Medien und Bürger trotz unterschiedlicher Wahrnehmung der Situation und zum Teil gegensätzlicher Lösungsvorschläge allesamt dieselben sprachlichen Deutungsmuster nutzen und propagieren. Jene, deren Ideologie sich in diesen Frames widerspiegelt, bewerben ihre Sicht auf die Dinge und sind damit vollkommen im Recht. Jene aber, deren Ideologie dabei draufgeht, untergraben durch Begriffe wie *Flüchtlingsstrom, Flüchtlingskrise* oder *Obergrenze* Tag für Tag, Interview für Interview und Talkshow für Talkshow die Mehrheitsfähigkeit ihrer eigenen Politik.

Spannend ist in diesem Zusammenhang übrigens, dass selbst solche politischen Konzepte, die eindeutig der »fürsorglichen« Weltsicht entspringen, keine Frames nutzen, die das eigene moralische Anliegen auf den Punkt bringen. So zum Beispiel die »Koalition der Willigen«. Der politische Zusammenschluss steht für Werte wie Kooperation und soziale Verantwortung. Der Frame, den die Bezeichnung »willig« aktiviert, ist allerdings einer des Gehorsams gegenüber einer Autorität. Willig sein bedeutet, sich hinzugeben. Sich zu fügen. Jemand ist willig oder auch gefügig. Ein kurzer Blick in unseren kollektiven Denkapparat über Google zeigt, wie sehr die Idee des Willig-Seins mit derjenigen des Sich-gefügig-Machens assoziiert ist. Alleine bei

Google Images zeigen knapp die Hälfte der ersten zwanzig Treffer für das Wort »willig« sexuell gefügige oder gefügig gemachte Frauen in der Prostitution an.

»Koalition der Willigen« ist ein denkbar schlechter Frame, wenn es darum geht, die moralische Prämisse dieses politischen Bündnisses begreifbar zu machen. Impliziert ist nämlich nicht ein starker Wille, sondern Willenlosigkeit unter den Teilnehmenden. Zu vermuten ist auch, dass die Rolle der Autoritätsfigur, der man willig folgt, implizit Angela Merkel zugeschrieben wird.

Wie es zu dem Frame kam, ist schnell erkannt. Man übersetzte das englische »willing« mit »willig«, anstatt mit »gewillt«. Dieser Fehler war dem deutschen Diskurs unterlaufen, als man die von der Bush-Administration angeführte »Coalition of the Willing« mit »Koalition der Willigen« übersetzte und nicht, gemäß der Semantik des englischen Wortes, mit »Koalition der Gewillten«.

Aber selbst eine »Koalition der Gewillten« würde die Kernwerte eines Bündnisses zur Aufnahme und gerechten Verteilung der Geflüchteten in Europa nicht sauber formulieren – ganz im Gegensatz zu »Bündnis der Solidarischen«, »Bund der Verantwortung« oder »Kreis der Teamplayer«.

Hinzu kommt, nebenbei gesagt, dass die »Koalition der Willigen« sprachlich ins Leben gerufen wurde, um nach den radikal-islamistischen Anschlägen im September 2001 den »Krieg gegen den Terror« voranzutreiben. Das ist ein denkbar schlechter assoziativer Hintergrund, wenn es darum geht, die Perspektiven und Ziele der »Koalition der Willigen« in den Jahren 2015 und 2016 bezüglich der Aufnahme von geflüchteten Menschen in Europa begreifbar zu machen.

Was passieren kann, wenn eine Gesellschaft sich kollektiv und über Jahre, wenn nicht Jahrzehnte, hinweg in bestimmte politische Sprech-, Denk- und Handlungsmuster einkauft, lässt sich aktuell gut am »Phänomen Trump« im Zuge der anstehenden US-Präsidentschaftswahlen 2016 erkennen.

Uns Deutsche und Europäer macht das »Phänomen Trump« konzept- und sprachlos. Unser kollektives Vorstellungsvermögen beißt sich schlicht die Zähne aus an der Tatsache, dass Donald Trump derart gut abschneidet beim US-amerikanischen Wahlvolk. Das hat einen recht einfachen Grund: Wir arbeiten nicht mit denselben Frames, mit denen US-Bürger, und unter ihnen insbesondere konservative, arbeiten.

Weil unsere Kultur nicht im gleichen Maße durch »strenge« Frames geprägt ist wie die US-amerikanische, haben wir kein intuitives Verständnis für das, was Donald Trump in den Augen vieler US-Bürger zu einem »guten« Menschen macht, ihm Autorität verleiht und ihn zum attraktiven Präsidentschaftskandidaten macht. Nämlich: sein Erfolg als Geschäftsmann im freien wirtschaftlichen Wettbewerb. Nach den Regeln des Sozialdarwinismus, der als »survival of the fittest« verstanden wird, ist Trump *von Natur aus* besser als andere Bürger und politische Kandidaten. Die »unsichtbare Hand« des freien Marktes hat ihn auserwählt.

Während Deutsche und Europäer nur schwer kognitiven Zugang zu diesem Narrativ finden, geht es vielen US-Amerikanern wie geschmiert von den Synapsen – weil sie über Jahre hinweg gelernt haben, politisch innerhalb der »strengen« Weltsicht zu debattieren, zu denken und zu agieren.

Elisabeth Wehling
Berkeley, im Februar 2016

Über die Autoren

George Lakoff, Ph. D., nach Stationen an der Harvard University und der University of Michigan heute Professor für kognitive Wissenschaft und Linguistik an der University of California, Berkeley und Kodirektor des »Neural Theory of Language Project« am dortigen International Computer Science Institute; Mitglied des Center for Advanced Study in Behavioral Sciences und des Santa Fe Institute; zahlreiche Publikationen, darunter das Standardwerk »Leben in Metaphern« (zus. mit Mark Johnson, 8. Aufl. 2014).

Elisabeth Wehling, Ph. D., nach dem Studium der Soziologie, Journalistik und Linguistik an der Universität Hamburg, der Università degli Studi La Sapienza in Rom und der University of California, Berkeley, heute Forschung am International Computer Science Institute und der University of California, Berkeley. Arbeitsbereiche: Kognitive Wissenschaft und Linguistik; Schwerpunkte: Einfluss von Sprache auf politisches Denken und Handeln, Ideologie- und Werteforschung. Veröffentlichung u. a.: *Politisches Framing* (2016).